日本は
御社は
あなたは
今だったら　まだ
なんとかなる

覚悟

未来に立ち向かう言葉

株式会社タイヨー
取締役副社長
清川照美

日経BP

覚悟

未来に立ち向かう言葉

株式会社タイヨー取締役副社長
清川照美

はじめに

日本は
御社は
あなたは
今だったら、まだなんとかなる。

私は経営コンサルタントになろうとは思っていませんし、この書籍を出版することで1円の印税も入りません。

ではなぜこの本を書こうと思ったのか？

経営危機にあった弊社を立て直した経験をお伝えすることで、日本の多くの企業や経営者を勇気づけ、日本という素晴らしい国を再び発展させる一助になるのではないかと、本気で思っているからです。

私が立て直した会社は、鹿児島県を中心に93店舗を運営するスーパーマーケット（株式会社タイヨー）です。創業は１９６０年、現在は私の息子が代表取締役社長を務め、年商約１１００億円、約４０００人の従業員の皆様が働いてくださっています。

弊社は、１９９３年に上場していたのですが、経営が悪化、株価は低迷し、他社から買収を仕掛けようという動きが見られました。私たち自身の力による再建に本腰を入れるため、２０１３年９月、４５４億円の借り入れをし、この資金を使ってＭＢＯ（マネジメント・バイ・アウト＝経営陣による自社の買収）を断行いたしました。

実質赤字だったスーパーマーケットはよみがえり、２０２３年３月、ちょうど10年で、借りたお金、全額を返済いたしました。

地方のスーパーマーケットを、普通の私で企業再生することができたのです。

弊社には特別優秀な人材はおりませんでした。私は実務家として実行し結果を出してきました。なぜ再建できたのかと問われれば、特別難しい話でもロジカルな話でも机上論でもなく答えはシンプルです。勇気を持ち、自分を信じ今の瞬間を必死で頑張ってきたということだけです。このことが、少しでも日本のお役に立てれば、日本の皆様方の元気になれば、と思って筆を執りました。

今日、残念なことに地球の一部の地域で戦争が起こっています。世界が平和であってほしい、心からの願いです。世界はもしかしたら、100年後は国家という概念はなくなっている時代が来ているのかもしれません。私は、我々の子孫たちが、日本人としての誇りを持てる民族であり続けてほしいと願っています。

日本は資源国でもなく、高齢化、人口減も著しく、食料の原料の多くは輸入です。戦争が近くで起これば原料は上がり、物価は上昇します。

かつて日本人は勤勉でよく働き、世界の経済大国2位までになりました。しかし、今はそうではなくなってしまったのです。

日本がこうなったのは、国が悪い、政治が悪い、もうそんなことを言っている時間はないのです。国民一人一人がしっかりと考え、そして行動することです。こんなことを言うと、清川さん、何言ってるの？　人生は今が良ければよくて、何でそんなに頑張るの？　とおっしゃる方々もいらっしゃるかもしれません。その方々はそれでよいのです。

私はたまたま、日本の明治維新に多くの人材を輩出し、第二次世界大戦末期には、沖縄戦で特攻（知覧特攻基地がありました）が出撃していったという人類史上類のないことがあった県で生まれ育ち、地元スーパーの嫁になったことと、県外の方々を観光地としてご案内する中で、それらを強く感じるようになったのでしょう。

人生100年時代ともいわれ、100歳まで生きるかもしれないし明日死ぬかもしれません。明日のことは誰も分かりません。いずれ死んでいく命であれば少しでも人様のお役に立ちたい、それだけです。

弊社を御利用していただいているお客様、お取引先様、いつも温かく見守ってくださる多くの先輩の方々、一緒に働いてくださっている社員の皆様方、御縁のあった方々に感謝の気持ちでいっぱいです。

ありがとうございます。

物事は、本当はシンプルだと思います。多くの皆様に幸せがたくさん降りそそぎますように。

美しい桜島を見ながら桜の季節に。

合掌

清川照美

目次

第2章

利益を出すためには　97

第3章

信頼できる部下をどうやって育てるのか？

第4章

逆境を乗り越えるために

第5章

運を味方にする　211

第6章

第7章

第8章 私、清川照美

序　章

なぜＭＢＯ（上場廃止）をしようと思ったのか？

本業は実質赤字でした

なぜＭＢＯ(上場廃止)をしようと思ったのか？本業は実質赤字でした

ＭＢＯをしようと思った理由の一番は、会社の数字が悪かったということです。もう10年前の話です。

どのように悪かったのかと言えば、本業（スーパー）で赤字ギリギリ。当時東証二部に上場しており、しっかりと監査法人は入っていましたが、一部修繕費は次の年度に持ち越されていました。よって、実質本当は赤字でした。

会社には約20億の営業利益はありましたが、ほとんどが不動産収入によるものでした。２０１３年の人件費が約１５０億円、８年ぐらい前は約１００億円。社員の高年齢化が進む中、あっという間に人件費は上がってきました。

ＰＢＲ（株価純資産倍率）は０・２４。本来なら1株２０００円ぐらいの値がつかないといけない株価が、５００円台まで下がり、Ｍ＆Ａ案件を探している会社からすれば、実においしい買い物に見えたはずです。上場していましたので、外資からも狙われ、国内企業大手2社からも狙われていました。MBOをして1年後でも、タイヨーを狙っていたという会社がありました。

私はよく、なぜ会社を立て直そうと思ったのか？　と聞かれます。

やはり創業者（夫の父）から、あなたは「タイヨーの嫁」であると言われていた言葉があったからだったと思います。あなたなら、どんな時代が来て、たとえ借金取りが来ても対応できると。

当時の私は、真っ白なかわいい、ひよこだったと自負しています。こんな小娘を見て、今思えばさすが創業者の人を見る目は鋭かったと思っています。

私が立て直しをすると決意したとき、2人の娘からはこれ以上苦労することないよと、泣きながら反対されました。息子は、自分たちの人生だから後悔しないでほしいと。もしMBOが失敗したら、自分は違う道に進むので心配しないでくれと言われ、私たちは上場廃止をすることに決めました。

２０１２年の暮れに、会社の数字がこのままでは大変になると思い、東京の会計士の先生に相談していたのですが、２０１３年４月に、改めてＭＢＯについて相談すると、そのために多くの借り入れをするなんて、今の会社経営で返済できるはずがないと会社の売却を進められました。

ですが、絶対やり遂げるという覚悟と根拠のない自信のもと、私共は個人の現預金、不動産、会社の不動産すべてを担保に入れ失敗したら一文なしになる覚悟で実行しました。多くの人々にご協力いただき、運が良かったと感謝です。ご尽力いただいた方々が一人でも違う人たちであれば、このようにうまく事は運ばなかったと思っています。

会社の立て直しの話をすると、「経営破綻」の真相を知りたいとおっしゃる方がよくいらっしゃいますが、弊社は、経営破綻はしておりません。とはいえ、経営は厳しかった会社です。

会社がうまくいかなくなる一番の原因は、自社におごりがあることだと思っています。弊社も決して例外ではありませんでした。鹿児島の中では上場している企業も少なく、よって、他社が潰れても、我が社は上場企業だ、タイヨーは潰れない。そんな空気感がありました。非常に傲慢な空気が流れていたのです。

しかも、会社の数値をしっかりと長期的に見ている人がいなかったことも大きかったと思います。時代はどんどん進んでいるのに、常に学び、常に時代に対応していくという社風がなかったということです。

私は、当時、経営企画部長でした。改革を進めていくに当たり、改革推進部長、常務、副社長となり、改革を推し進め、陣頭指揮を執ったのはまぎれもなく私でした。

会社の再建で、何が一番必要であり、大切であったのか。

一番は、危機を乗り越える覚悟
二番目は、めげない精神力

こうして紙に書けば一言「精神力」で終わりますが、会社の改革中、この私も、多分これが「鬱」なんだろうという状態になりました。寝られない、食べられない、夜になると泣こうと思わなくても涙が出てくるのです。生きるギリギリのところまで試されました。気づけば「使命」に気づかされました。今思うと、この試練は何か大いなるものからの本気かどうかを試されている試験でした。

成功の秘訣は、本気で諦めずにやるかです。気がつけば外も内も、多くの人たちに支えていただきました。おかげさまで10年間で454億円すべてを返済することができました。1人で改革はできません。1人で仕事もできません。弊社だけで結果は出せません。

ご縁のあった方々に心から感謝申し上げます。

第1章

リーダーに求められること

リーダーに必要なことは何なのか？

覚悟

八方ふさがりでも、覚悟があれば天井は開く成果を出して生き残っていくリーダーになるためには「覚悟」が必要だと思っています。

どうしたら御社のように会社を立て直せますか？
どうしたら赤字を黒字にできますか？
どうしたら経営改革ができますか？
どうしたら会社が元気になりますか？

と、よく聞かれます。

はっきり言って、経営コンサルにお願いするだけでは無理です。
弊社も上場廃止前、有名なコンサルティング会社、数社に高いお金を払い、経営改善の指導をお願いしました。少しは良くなったかもしれませんが、数字が落ちていく状態を止めることはできませんでした。会社を改革して立て直すなんて無理でした。もちろん、使い方によっては、喉に引っ掛かる小骨を取る程度のことはできるかもしれません。ですが、多くは無理でしょう。

では、どうしたらよいのですか？　と詰め寄ってこられるかもしれません。私は、このように伺います。あなたが経営している会社、あなたが勤めている会社に覚悟を持っている人がいらっしゃいますか？　と。多くの場合は、組織のトップである社長にその覚悟があるのかにかかっています。覚悟ができないのであれば、社長は退くべきです。


私の思う覚悟とは、その会社に命を懸けられる思いがあるかどうかということです。


私たち日本人には、DNAの中に大和魂が脈々と受け継がれています。勇敢で潔い美しい心です。大和魂を持つ日本人が、本当に腹をくくる気持ち＝覚悟があれば、何があってもなんとかなります。

命を懸けるのは苦しいです。

命を懸け、真剣に行動するとき、血を吐き、鬱状態にもなるかもしれません。ですが、自分を信じ、正しい心を持って努力すれば「八方ふさがりでも天井は開きます」。奇跡は起こるのです。すべては覚悟です。それだけです。

覚悟のないところに何も生まれないと思います。きれいごとは誰でも言えます。西郷隆盛の言葉に、

「命もいらず、名もいらず、官位も金もいらぬ人は始末に困るものなり」

とあります。変えていくためには、まさしくこの覚悟が必要だと思います。

弊社は経営の数字だけではなく、会社や店舗も、文字通りぐちゃぐちゃでした。クモの巣が張っている店もあったくらいです。私が最初に手をつけたのが掃除です。

覚悟を決め、経営改革に乗り出した私でしたが、銀行様や弁護士の先生たちには笑われていたようです。「この程度の改革案で本当にできるのか」と、こうした批判はあちこちから聞こえてきました。

ビジネスの基本は、どの会社も一緒だと思います。大したことのないように見え

ること、みんながすでに知っていることを愚直にやったかやらないか、です。

基本的なことができれば赤字に陥った会社であっても、まだなんとかなる、と私は思います。当たり前のことを愚直にやる、しかも覚悟をもってやる。それが一番大事なことです。それがちゃんとできていないから、うまくいかなくなるのです。ベースとして必要なのは、覚悟。ここがしっかりしていることが改革のキーポイントです。誰でもできるのです。


日本の企業の9割は中小企業といわれています。中小企業が元気になり、中小企業の経営が黒字になれば間違いなく日本経済はまだなんとかなります。今ギリギリのところに来ていると思います。

私は、稲盛和夫氏の『燃える闘魂』（毎日新聞社）の著書を読んで、日本には「80年周期」のバイオリズムがあることを知りました。その状態が最悪になるのは2025年くらいです。私たちは、経済が底を突いた状況の中で、そのまま浮上できなくなるか、反転して大きく発展できる状態をつくれるか、今はその瀬戸際にあると思っています。時間はあまりないのです。

社員の意識改革はどのように進めるのか？

リーダーは覚悟を決める

経営改革のはじめの一歩は、意識改革から。

2012年7月、私は夫である社長の秘書役としてタイヨーに戻ってきました。かつて監査役、取締役を務め、退職してから4年4カ月がたっていましたが、再入社したのです。

この時、すでにタイヨーの経営がおかしくなっていることは分かっていました。直近の10年ぐらいで人件費が100億円から150億円に膨れ上がり、経費もとんでもない金額になっていました。

弊社はそれなりに不動産を保有しており、テナントや駐車場の賃料収入があったために、表面上の数字は体裁を保っていたのですが、もうXデーは目前である、と私はそう直感しました。実際、弊社は外資系企業や同業他社から買収先として狙われていました。

タイヨーを守るためには、上場廃止するしかない。私は覚悟を決めました。後に三代目となる息子は、最終的に「俺のことは考えなくていい。後悔しないようにすればいい」と後押ししてくれました。

残念なことにMBO以前の弊社は、ほとんどの社員が売り上げと粗利以外、数字がよく分かっていませんでした。そのため、会社がどのような状態なのか、本業が赤字ギリギリにあったなんて、社員たちは寝耳に水だったのです。そこで私は、社員の意識改革から始めていきました。

数字で会社の事実を伝えました。並行してトイレ掃除、次が引き出しの中、各棚、机の整理整頓を実施しました。占いなどの世界では、「気」の流れを整える、良くするという開運のためのアクションがありますが、トイレをきれいにしたりすると、不思議と滞っていた会社の空気感に流れが生じて、会社の雰囲気が好転します。本当です。

弊社の本部は当初、我が社は上場会社である、他社が潰れることがあっても我が社が潰れるなんてありえないと、まるで官僚が居座っているような雰囲気がありました。初めは本部のほとんどの社員は、私の経営改革に対する抵抗勢力だったと思います。少しずつ理解者を増やしていきました。

理解者を増やすのに最も効果的だったのは、秘書を3、4カ月ごとに替えて私のもとで指導した後に各ポジションに送り込み、じわじわと照美マインドを浸透させていったことです。数字の勉強もしてもらったことで社員はずいぶん数字に明るくなり、今では、管理職は決算書を読めるまでに成長してくれています。

ビジネスの世界において、女だから、経営の勉強をしたことがないから、もう年だから。それは言い訳でしかありません。とにかく、人は覚悟があれば、できないことはないと思います。私は普通の平均的な人間です。ですが、諦めずに頑張っていると、大いなるものが手伝ってくださる気がします。

気づけば社内も社外でも多くの素敵な方々に恵まれました。今日があるのはすべてご縁のあった方々のおかげです。普通の人が普通の人たちと仕事をして結果を出すことができました。

なんとかなったのです。

トップはとんでもない夢を語る

言った以上、努力する覚悟

リーダーには覚悟を決める以外にも必要なことがあります。

リーダーとして存在する以上、夢（ビジョン）を語らなければ、リーダーになれません。実現できるはずもありません。もしかしたら、あの人だったらやるかもしれない。そんな夢を語らなければ、トップにはなれないのです。そして、言った以上、夢に向かって努力する覚悟が必要なのです。

現在の社長は、彼が30歳の社長就任の時、売り上げ１１００億円だった弊社を、30年後は１兆円にする、と桜島の噴火のごとくぶち上げました。

私は、よく言ったと思います。そうなると信じています。

人生は苦しくても達成感や成長できる人生のほうが素晴らしい人生だと思っています。

人の生き方はさまざまです。そう思わない方はそれでよいのです。

後継者問題をどうするのか？

継がせる人の覚悟
ほとんどの株を譲る

多くの経営者が最も悩むのが、会社の業績もそうですが後継者問題です。事業継承がうまくできなければ会社は存続できません。会社を続けていくには、まずは会社をどうしていきたいのか、再考してください。上場すると、はっきり言って身内に継がせることは厳しくなります。

会社は社会のもの、そして会社は人を幸せにするために存在しお客様のためにある、という前提があると思います。

私は企業経営を学ぶため、大学院で多くのケースを学びました。そこで、多くの立派な経営者の方々が最終的に悩むのが後継者問題だと気づいたのです。事業承継には、それぞれの状況、さまざまな方法があり、複雑すぎて何が正解なのか、簡単には分からないです。

どうしたらよいのか。一つは、取引銀行様や会計士の先生に相談すればよいと思います。中でも、メインバンクがメガバンクなら、そこに具体策を相談するのが一番だと思います。自社のことを分かってもらっていると思いますし、多くの事例案を持っています。事業承継が専門の人もそろっています。

私は、一言で言うなら事業承継の正解はこうだと思っています。承継するのはこの人物だと本気で後継者を決めて、ほとんどの株を譲ることです。

私共では息子にほとんどの株を譲りました。私は1株も持っていません。一部財団などで保有していますが、ほぼ100％を彼が持っています。このくらいやらないと、後継者も本気にならないでしょう。すべてを託したという先代の覚悟が見えれば、後継者も自覚がしっかりと出てきて頑張ると思います。

あとは、後継者に番頭を付けることです。弊社ではその役を私がやっています。あと5年ぐらいは一緒に走ろうと考えています。

ところで、後継者を決めたときによく周りから言われるのが、後継者本人に能力がなく、会社が潰れたらどうするの、という話です。そこはしょうがないでしょう。もし事業承継後、後継者がうまく経営を続けられなければ、そのときは、見る目がなかったと諦めることです。弊社について言えば、彼は創業家に生まれ、そして私は創業家に嫁に来たのですから、継がせる者も継ぐ者も潔く腹をくくるべきです。

経営者が我が子を後継者にする場合、子どもの育て方には2つあると思います。

一つは、この子を後継者にすると決め、幼い頃からそれを徹底して伝えていく育て方。もう一つは、根底では家業を継いでほしいと思いながらも、子どもには継いでも継がなくてもいい、あなたの好きにすればいいと言って育てる育て方です。

私は前者のほうを選びました。正面から思いをしっかり伝えていったのです。スーパーで扱う食品や仕事になじんでもらうために、3歳ぐらいの頃から養豚場で豚と触れ合ったり、店頭販売の手伝いをさせたりといった経験もさせました。

彼は、会社を継ぐことに反抗していた時期もありましたが、いつの日か自分自身の使命を自覚したんだと思います。最終的には「自分の夢を覚悟に変える」という言葉を口にして、30歳のときに三代目社長へ就任いたしました。

周囲には、彼が後を継ぐにはまだ若いのではと考えている方もいらっしゃいました。ですが、社長の肩書を持っていれば、一流企業の経営者の方々との縁もできますし、困ったことがあったら、彼らに相談に乗ってもらうこともできます。成功した経営者から学ぶことは何より勉強になるはずです。たくさんの経営者の方々からたくさんの話を教えてほしいと思い、若いうちに社長を任せることにしました。

使命はどうやって見つけるのか？

命を削るくらいの思いと努力が必要

経営の本に、使命やミッションを持ちましょうと書いてあります。

はっきり言って、使命はそんなに簡単に見つけられるものではないと思います。読んで字のごとく命を使う、つまり命を削るぐらいの思いであったり、死を覚悟したりするくらいの経験をして初めて気づけることだと思います。

たくさんの勉強をし、本を読んだり、人の話を聞いたりして自分の使命に気づく人もいるかもしれません。ですが、人は真に苦しいことに直面したとき、限界を感じたとき、これで自分の人生が終わるかもしれない、もしくは断崖絶壁の退路のない状態になったときに気づけると思います。普段から本も読まず、何もしないで、ほどよく適当にやっているような人に、使命は見つけられないでしょう。

もし、今、あなたが苦しく、つらい立場にあるのなら幸いです。使命を見つけられるところに来ています。


日本が戦後世界第2位の経済大国になれたのは、戦中戦後に多くの日本人が生きるか死ぬかの中、使命に気づいたおかげだと思っています。死ぬほどの思いをして初めて自分の使命に気づけます。1つの仕事をそのくらい徹底的に突き詰め、もうこれ以上どうしようもできないというところまで深掘りする人が初めて使命を見つけられる。だから、戦後の日本が発展したんだと思っています。

私は、真に大衆の豊かさのため（米国と比べると日本人の購買力はまだまだ低いと思っています）、後世に日本人としての心を伝え、あと何年生きられるか分かりませんが、美しい地球を子孫につなげることができたらと思っています。

使命に気づくことで、会社にも、人にも背すじが通る気がいたします。

運命から使命へ

嫁いですぐ、義理の父に「あなたはタイヨーの嫁である」と言われました。

聖書の中に、神は、初めに言葉を創ったと書かれています。日本では「言霊」という、言葉に発した通りの結果が表れるという考え方があります。

私は義父からのこの一言により一粒の種をまかれたのだと思っています。子どもたちからは「おじいちゃまからの呪縛はもういいじゃない」と何回も言われてきました。ですが、この言葉によって私の人生は動かされ、進化していきました。

私にとっては、ただの一言が運命、そして使命へと変化していったのです。気づけばいろいろなことを経験し、試練とも立ち向かい、今の自分を好きになれるようになってきました。さらに努力して、今以上に自分を好きになれるよう頑張りたいと思います。

良い人生だったと死ねるように。

使命が見つかると
奇跡が起こります

人は、使命に気づき、それを全うしていく中で、大いなるものから多くの試練、本当に本気なのか？　と試験が課されるのだと思っています。努力して努力して、そしてその試験を乗り越えたときには、奇跡が起こってくるのだと思います。

私の身にも奇跡は起こっています。そして同じような体験をしている人は私だけではありません。私の友人で、会社を上場する前から鹿児島のお母さんとおっしゃってくださるユーグレナの出雲充さんです。

彼の話を聞くと、彼は真にその通りの方なのです。

出雲さんは会社を創業し、長い間、どれだけユーグレナの良さを力説し、どれだけ営業しても誰も振り向いてくれなかったそうです。そして、このままだと会社を潰すしかないと決心し、なんと500社目の営業で伊藤忠商事が興味を持ってくれ、トントン拍子で会社は大きくなったと彼は言います。その後、多くの会社と取引が始まり、今では日本のベンチャーを語るとき、なくてはならない存在になっていらっしゃいます。

私は勝手に、彼のことを最高の友人だと思っています。

経営とは何なのか？

ご縁のあった方々を幸せにすること
結果を出している人が正解

成功している経営者にはさまざまな方がいらっしゃいます。

Aさんはaという方法で成功され、Bさんはbという A さんとはまったく逆の形で成功している。1000人の経営者がいれば、1000通りの経営があると思います。

では何が正解なのか。結果を出している人が正解だということです。本を読むのが好きならその方の本を徹底して読み、学ぶのも1つの近道なのかもしれません。

経営者は複雑なことをシンプルに部下に伝え、実行していくことです。ここがコンサルと違うところです。

最終的には、ご縁のあった方々を幸せにすることだと思っています。

成功者への近道

好きな経営者をモデリングする。
スピードが勝負

成功した経営者はそれぞれ個性があり、何が正しいのか、人それぞれですが、その時代、その職種だからこそ、その方法で成功されたのです。

成功したいと思えば、そのようなことも考慮しながら、自分の好きな経営者の著書や関連書を徹底して読んだり、お目に掛かったり、勉強することだと思います。それが一番手っ取り早い気がします。

私は、あまりにも遠回りをしました。ほぼ独学で今の経営にたどり着きました。あまりにも時代の流れの速い今日、スピードが勝負です。


私が尊敬する人物の一人は、明治維新において中心的な役割を果たした西郷隆盛です。西郷さんは経営者ではありませんが、卓越したリーダーシップで時代をリードし、日本の改革に貢献されました。

安政の大獄で幕府に追われ僧侶と海に身を投げたものの、奇跡的に自分だけ生き残ってしまう。流された離島では辛苦の日々を送ったといわれますが、そこで自分の使命に気づかれたのではないかと思います。

西郷さんの座右の銘は「敬天愛人」。天を敬い、人を愛すること。私心を捨て、国のために尽くそうという考えが素晴らしいと思います。

私がこのように思えるようになったのは、弊社のＭＢＯを成し遂げてからです。それまではさほど共感していたわけではありません。本当に苦しい思いをし、それを乗り越えてから、西郷さんの生き方が理想の経営者像なのではないかと思えるようになりました。

成功したいのなら、時間がない、そんな言い訳をしてはいけません。すごい結果を出していらっしゃる方々は、もっと忙しいのですから。

社長の仕事とは

意思決定をすること

社長の最も大切な仕事の一つに、意思決定があります。

部下の意見を聞いたり、数字を並べて、ロジカルに考察したりする。これも正しい。ですが、最後は社長が決めなければなりません。会社が岐路に立たされたとき、右に行くのか、左に行くのか。YESなのかNOなのか。正解は100人いれば100人の意見があると思います。だから社長が決めるのです。

人生もそうです。今までの意思決定で今の自分があるのです。

意思決定の感性を磨くためにどうすればよいのでしょうか？　と聞かれます。

私が毎日やっていることに、必ず物を1個捨てるということがあります。紙でも何でも、必要かどうか、その物と真剣に向き合う訓練をするのです。小さなことですが、訓練されている気がいたします。

身の回り、もしくは家の中、会社の中でもしこれがないとどうなるのだろうという視点です。片付けができない、整理できない、物を捨てられない、そんな方はリーダーにはなれないと思います。

社長の仕事でもう一つ重要なのが、リーダーシップ、統率力を付けて部下を率いていくことです。そのとき、気配りや優しさも必要です。怖いだけでは人は付いて来ません。

意思決定はどうするのか？

いつまでに決めるのかを決める

一、ワクワクするほうを選ぶ
一、10年後、20年後、50年後、100年後を考える
一、明け方に、いろいろなアイデア、考えていることとの答えが浮かんでくる

私がMBOをするかしないか意思決定をしたとき、会計士の先生をはじめ、いわゆる学識経験者といわれる方々は、株を売ったほうがよいのではないかと話されました。理由は、今でさえ経営の数字が厳しいのに、多額の借金をして返済できるはずがないと言われました。言われればおっしゃる通りです。しかし、私はただ根拠のない自信がありました。ワクワクするほうを選んだのです。

意思決定で迷ったときは、本来なら、苦労やリスクの少ないほうを選ぶのがいいのかもしれません。ですが、私の選択基準は「ワクワクするほうを選ぶ」です。大変かもしれないけど、やりがいがあるし、先には夢が見えるからです。

意思決定をするに当たり、まずはその意思決定をいつまでに行わなければならな

いのかを決めます。社運を懸ける意思決定をするときは、なおさらです。

後輩たちは今の意思決定をどう評価するのか？　今後続いていくであろう会社の歴史の中で、10年後、20年後、50年後、100年後の子孫たちはどう思うのか。

あのとき、あの人たちがこんなバカなことをやらなければ、うちはもっとこうなっていたかもしれない、と思われないようにしなければなりません。そして、決めたら覚悟をもってやるしかないのです。

経営者は、今日、明日、1年後、中期経営計画を考えましょうといわれます。3年後、5年後のことを考えるのはもちろん、50年後、100年後、自社がどうあるべきか考えなければならないのです。すると、100年後のイメージから、今の時代や今の自社の立ち位置が見えてきます。松下幸之助翁は会社設立の時、会社の250年後のことまで考えていたそうです。

私は「明け方に、いろいろなアイデアや、考えていることが浮かんでくることがあります」。

これについて触れておきますと、まず自分がやっている仕事を、真剣に寝ても覚めても考えてみます。すると、ふとしたとき、明け方ぐらいでしょうか、アイデアが出てきます。気づけることがあるのです。

これは訓練でできるようになってきます。私は時代の発信する「色」を感じたり、この方は病気を持っている、そんなことまで感じることができるようになってきました。アイデアがふと浮かんでくる能力を高めるには、トイレ掃除をしてみてください。いえ、トイレを磨いてください。間違いなく勘が強くなります。

このことは不思議です。

多くの経営者の方々もおっしゃいます。明け方にひらめくと。私も例外なく考えていたり悩んでいたりしたことの答えが浮かびます。ですので、枕元にメモ紙を置いておくことは必須です。

そしてなるべく朝は早く起きましょう。お勧めは夜が明ける前です。

意思決定は何が真実なのか？

最終的には自分の感性を信じることです。

本気で改革を進めるのなら

即断
即決
即実行

時代はかつてないことが起こり、ものすごいスピードで変化していきます。暦の世界では今、風の時代に入ったなどといわれます。本気で改革を進めるのなら、即断、即決、即実行。できないのは、日々の生活に緊張感がないからです。もし人生が今日終わると思えば、行動できると思います。この緊張感を楽しめない人は、トップになるべきではないでしょう。私からすれば、甘えなのです。

では、即断即決をどうすれば鍛えられるのでしょうか？　私は、次の3つを意識して生活の緊張感を高めることで、即断即決の力が付いてきていると思っています。

一、いらない物を捨てる。掃除、整理整頓
一、仕事以外の、自分の好きなこと（おしゃれ、旅行、趣味）にも徹底してこだわることで感性が高められます
一、60点で合格とする

スピード経営は
どうすればよいのか？

まずは動く、やってみる
60点で合格とする

意思決定し、それが正しいと思うのならとにかくやってみます。物事を変えていく、今までと違う行動をすることは怖いです。経営の数字も大きくブレていくかもしれません。経営は、緊張感、危機感を持ってやるものです。失敗したと思ったらスピードをもって引き返します。経営者は研ぎ澄まされた感性を持ってくださいピカピカに磨かれた刀のような感性です。

時代は風のように変化していきます。決断するとは、ＹＥＳかＮＯかの2択です。ですから、どちらかに決めると思うと怖くて決められない。たぶん、行動する以前の意思決定もできない人は、そういうことだと思います。

私は、今までも多くの意思決定をしてきましたが、もちろんすぐ決めることもあれば、いつまでに答えを出すと時間を決めて熟考することもあります。言えることは、考えて考えて時間をかけても、決めなくてはいけないときは決めないといけないのです。

そして私の経験から言えることは、我々凡人は60点でいいと腹をくくることです。

なぜ60点でよいのか？
パレートの法則

パレートの法則をご存じでしょうか。2：8の法則、あるいは80：20の法則ともいわれます。「全体の数値の8割は、全体を構成する2割が生み出している」という法則です。ネットで調べればたくさん出てきます。

私はビジネスをする上で、この法則が最も合理的な考え方だと思っています。会社やお店の売り上げを考えるとき、人の問題を考えるときなど、何にでも応用できます。もちろん反論する方々もいらっしゃいますが、実務をする上で役に立ちます。

私が60点で走りましょうと伝えることの根拠はここにもあります。

ここまでの私の経営論では、努力して突き詰めて、決断をして素早く実行しましょうと言ってきましたから、100％隙がないように感じられるかもしれません。ですが、経営に完璧はありえないのです。決断したことや行動したことが今100点でも、時間はどんどん過ぎていきます。1秒後に100点ではなくなっています。

パレートの法則を知っていると、心の逃げ場をつくれます。心の余裕ができます。

経営者が部下たちに100点を期待すると、部下も怖くて行動できなくなります。ところが、60点でいいと言ってあげると、安心して走れます。なんだかやれそうな気になるんですね。しかも私の経験では、60点でいいので走ってほしいと言うと、結果的にそれを上回るレベル（80〜90点）で出来上がってきます。

私は社員に、私が率先して行っていた「ペンキ塗りと同じよ」とよく言います。改革に着手した当初の話ですが、ぐちゃぐちゃだったバックヤードの不用品を処分して、汚れていた壁を自分で塗り直しました。お金をかけられなかったためです。ペンキを買ってきて、ハケを横に動かし6割塗ります。次は縦にさらに塗ります。これを繰り返して作業していくと、比較的きれいに塗れます。もちろん、素人ですから、近くで見たらひどいものですが、遠目なら壁は真っ白に見えます。60点でも、それなりにきれいにできるわけです。

トップの意思決定もそうでしょう。100点だと思う決断をしても、進み始めるうちに世の中は刻一刻と変わっていき、気づいたらまったく異なる環境になっている場合もあります。ある時点で100点だと思って進んでも、時が過ぎれば100点の状況はそろわなくなる。それなら、60点で進んで、やってみると結果的にうまくいきます。

スーパーの新規出店もそうです。

かつて、コンサルティング会社にアドバイスをお願いして、出店した店舗が数店舗ありました。さまざまなデータをもとに商圏や立地を考慮し、絶対にうまくいくという判断をもっての出店でしたが、残念ながらこの店舗の経営は厳しいものになりました。やはり、机上の論理だったのだと思います。

出店時に完璧だと思っても、周辺に競合店が進出してくることもあります。それならば60点の段階で動き出し、これはダメか、それならこうしてみよう、こっちはこうしてみよう、と状況に合わせてつくり込んでいく。そういう形で進んだほうが、いい店舗になっています。ただし土地、建物はそうはいきませんが。

60点というのは、ここをこうしたい、もっとこういうふうになれば、と変えたいことがある状態です。すると、さらに進むためのエネルギーが必要になります。私はそういうエネルギーを大切にしたいと思っています。走り出して、少し不完全さが残っているほうが、次に進むエネルギーになると思っています。

「嫌われる勇気」

大切ですが、それだけではダメです
仕事はチームプレー

一時『嫌われる勇気』（ダイヤモンド社）の本が話題になりました。ベストセラーです。ですが、フレーズだけが一人歩きし、まるで嫌われることが良いことのように、格好いいことのように勘違いしている人が多いように思います。私も、部下たちには相手のことを思い、苦言をします。しかし、フォローもしっかりします。

自分を大切にし、自分軸で生きる。大賛成です。自分を大切にできないと、人にも優しくできません。ですが、10人いれば2人に嫌われても、せめて2人は味方を見つけましょう。中間にいる6人は、どうにでも変わる方々なのです。ビジネスパーソンとして当たり前ですが、人が協力してくれないと仕事はできません。言ってしまえば、人徳がないと人は付いてきません。リーダーたるもの、徳を磨きましょう。私も頑張っています。

仕事は1人では何もできません。チームプレーです。特に苦しい状態から抜け出していくためには共感してくれる仲間がいなければ乗り越えることはできません。

リーダーとしてうまくいかない人は自分だけが良くなろうという人です。

人を許すには どうすればよいのか？

大いなるものから
試験を受けていると考える

愛情を掛けて、この人には大きく育ってほしいと思っていた人が、退社されることがあります。どこの会社でもよくある話でしょう。残念ですがやはり部下を持ち、教育し育てていく中ではやむを得ないことだと思っています。このようなことがあると、はっきり言ってつらいです。とはいえ、彼が去っていくのもその方の人生ですので仕方がありません。

このようなことが起こりそうなときには、去ろうとしている人に「今置かれている環境から逃げるのなら、少し考えて」と声を掛けます。ですが、辞めていく部下がこの先、幸せになれるのならば私も喜んで送り出します。例えば、もっと大きな土俵で自分を試したいとか、別の場所で挑戦したいということでしたら、「そばにいてほしかったけど、次の場所で頑張ってね」と伝えます。

経営者、リーダーと名前の付く方々は、皆同じことを味わってきていると思います。このことは特別なことではないと思うと、少しは楽なのかもしれません。

私はつらいことが起こったら、大いなるものから、テストを受けさせていただいていると思っています。許すことを学び、魂のレベルが上がる、ありがたい、と思うことにしています。今では退社された方々に心から感謝し、その方々の幸せを願えるようになりました。

トップに立つとはそういうことだと気づきました。

自分のレベルを上げるにはどうすればよいのか？

継続は力なり

「継続は力なり」。

誰だって知っている言葉ですがそれがなかなかできません。習慣にすればよいのよとアドバイスしますが、それもなかなかです。


ではどうすればよいのでしょうか。

最初からあまり頑張らないことです。計画を立てて、どうしても時間がなかったり、どうしても疲れてきつくなったりしているときでも、3分ぐらいは頑張れると思います。カップ麺は3分で出来上がります。どんなにきつくても、3分ぐらいは我慢できると思います。

それも無理なら、1分でも2分でもタイマーを持ってやってみます。気づけば習慣になっていきます。


私もちょっとした掃除や家事をするとき、仕事でもタイマーを使っています。たとえ3分でも、案外いろいろなことができるものです。それに、やり始めると、意外と長時間続けることができます。

人は、やりたいことは努力しなくてもやることができますし、続けられます。やりたくないことは日常生活にたくさん存在しています。

でも、私は思います。やりたくないことが一番大事なんじゃないかと。それは自分を変えることにつながるからです。そう考えると、基本的にやりたくないことを頑張ってやれば、自分の成長につながると思います。

やりたくないことが頑張れる人になったら、大きなこともできるようになります。大きなことは小さなことの積み重ねですから。


動くところに、運が巡ってくると思っています。

経営者は死ぬまで勉強

「勉強」、社会人になったらやらなくていいと思っていました。死ぬまで人は勉強しなければならないと教えてくれる人がいたら、子どものころもっと勉強していたような気がします。

65歳になった私は、人の名前はすぐ思い出せなくなり、漢字も思い出せない。計算も携帯の電卓にお世話になっています。

ですが、本はビジネス書で年間60冊ほど、小説、その他でトータル100冊ぐらいは読みます。いつ本を読むのかというと、平日は起床してすぐ、朝晩のバスタイム、就寝前のわずかな時間です。その時は最初のページからじっくりと読むのではなく、さっと目を通したり、たまたま開いたところを読んだりといった感じです。もちろん休日はゆっくり半身浴をしながら、出張の行き帰りも丁寧に読みます。幸せな時間です。

本を読むだけでなく、いろいろな勉強会に、月に2回ほどは出席します。気持ちは45歳ですが残念なことに目が疲れやすくなってきました。

MBAの学び

一番は息子を5年早く社長にしたこと

私は経営を学びに大学院に行ったのですが、大学院に行こうと思ったきっかけは大きく3つありました。

1つは、まったく経営を学んだことがなくロジカルシンキングというベースがなかったこと（経営の本は読んでいました）。2つ目が社内に勉強するという社風がなかったこと。やはり会社が成長していくためには、社内には学ぶDNAをつくることだと考察しました。3つ目が、私たちはスーパーの業界しか知らず、これからの時代は垣根を越えて異業種との競争になるという危機感です。

これらが、さまざまな異業種の方々との交流の中で学んでいけると思い入学しました。実際に大学院に通うと、おかげさまで思う以上に多くの学びがありました。大満足です。

最も学びを生かせたのが、在学中に、予定より5年早く息子に社長をさせることを決意できたことです。その理由は、多くのケースを学ぶ中、どのような立派な経営者でも、最後は事業承継問題にぶつかることが分かりました。弊社は幸いにやる気のある彼がおりましたので、ほとんどの株を渡し社長に就任させることができたのです。

その他多くのことを学びました。例えば問題点の見つけ方として、5cm×5cmの付箋を使い、いろいろな意見を出していく方法。ディシジョンツリーによる長期的な物事の考え方。世界の中から見る日本、地方のあり方、戦略の考え方、実に多くのことを学べました。社内には、勉強する社風も出来上がってきました。

ロジカルシンキングを学んでも

最後は直感

大学院で経営に対する自信はつきました。短い2年間の学びでしたが、辞書のように分厚い本を課題で渡されたり、レポート提出と試験がある中、入学以前と比べると、ロジカルシンキングもできるようになりました。

とはいえ、それまでの多くの経験を通して、経営者は直感で動いてよいのだと感じていますので、経営でのロジカルなツールは他の人を説得するための道具であると、私自身勝手に結論を出しました。

素敵な学友たち

大学院では、とにかく多くの素敵な友人たちに恵まれました。この年齢になり、何の利害関係もなく、多くの友人たちに出会えたことは、今までの人生が10倍くらい豊かになった気持ちです。私自身若返った気がしています。

もし、アンチエイジングをお考えの方がいらしたら、もう一度学生になることをお勧めします。私の学友の中には当時現役の医学部の教授たち、東京大学出身の弁護士、3分の1ぐらいは東大出身、3分の1は慶應・早稲田大学の出身、各有名企業の役員、役職の方々。皆さん、本当にすごい方々ばかりでした。誰が一番先に日本経済新聞の「私の履歴書」に掲載されるのかという話をしていた仲間たちでした。

学友たちとは授業もそうですが、勉強を終わってからの飲み会でいろいろな本音トークが楽しく、新聞にはこう書かれているけど、実情はこうだよとか。一番びっくりしたのが、海外出張のスーツケースを持って来て、授業が終わったら海外に出張し、次の授業にはスーツケースを持って帰ってきて授業を受けるといった学友が数人いらしたことです。私も東京と鹿児島を毎週行ったり来たりしていますが、地球規模で動かれる人たちと比べると、大したことはありませんでした。レベルの高い人たちと出会い、自分のキャパも大きく変化しました。

もちろん多くの学友たちと、今も仲良くさせていただいています。友人の1人からはメンターになってほしいと言われ、数年お断りしていましたが、お役に立てるのならと、ときどきお話を聞いています。

また学友が「清川経営塾」を立ち上げてくださり、そこでは数名の方々と楽しくお話をしています。多くの友人たちと出会えて最高に幸せです。


みんな最高!!

健康管理は

リーダーになるための条件

人の上に立って仕事をする以上、健康管理はマストだと思っています。

リーダーは、責任のある良い仕事をしていくために、心身を常にベストな状態にしておかなければなりません。当たり前のことですが、私もそのために食事に気をつけ、適度な運動も忘れないようにしています。ストレスをためないために、前向きの思考も大切です。

食事に関しては、人の体は食べた物でつくられています。ですから、野菜を中心に、添加物の少ない物を取るようにします。私の場合、小麦を取ると疲れやすくなるので、なるべく小麦類は取らないようにしています。

料理には、ニンニクやショウガをよく使います。免疫力やスタミナを高めるのにいいと信じています。

毎週月曜日の朝に、1週間分の料理の下ごしらえをストックします。時間を有効に使います。忙しくて疲れたときのためでもあります。作りたくないからと、インスタント食品を食べてしまうと、余計に体が疲れてくるからです。これを意識しておくだけで、健康でいられます。社内では一番元気と言われています。

不足しがちな栄養素を補うため、サプリメントや、ジュースや健康茶を取ることもよいと思いますが、たまにはあえて取らないことも大切だと思っています。

私の場合、1カ月に、2回ぐらいのお休みの日は、なるべくニンジンジュースか具なしのおみそ汁にして、1日胃腸をいたわります。会社では、マイボトルに霊芝《れいし》、ショウガ入りのお茶を飲んでいます。これも7〜8年続いています。


1日の中で朝と夜2回、お風呂に入って、基礎代謝を上げることも意識しています。このとき、塩をひとにぎり入れます。そうすると、発汗作用が高められて体が楽になります（10年ぐらい続けています）。

日々、よく歩くことも意識しています。20年ほど前に股関節を悪くして手術が必要と言われましたが、筋力が落ちたことが原因だったと思い、プールで歩くことを1年間続け、手術をしないですみました。その後は日頃からよく歩き、時には山に登ったり、マラソンに挑戦したりしています。続けることが大事だと思っています。

ところで、会社のトップは会食や交流会などが多く、生活時間が不規則になりがちです。私の場合は体調や翌日のスケジュールを考慮して、会食のときは食事の量を少なめにしてもらったり、早めに退席させてもらったりすることもあります。出張も頻繁にあるため、出張先では、時間の許す限りプールやジム、サウナを利用しています（4年目です）。

健康管理の思いとしては、リーダーとしての責任もありますが、本音はこれ以上年を取りたくない気持ちです。自然には逆らえませんね……。

ちなみに、決めた健康管理を続けるために習慣づけていく良い方法は、第4章でも触れますが、ひたすら三日坊主を繰り返すことです。最初からずっと続けようと、あまり頑張らないのがいいのです。歯磨きができない人はいないと思います。人はどれだけいい習慣を身に付けるかだと思います。私も若い頃に気づいていたら、もう少し違っていたかもと思います。

小さいお子さんをお持ちの方は、ぜひ良い習慣を付けてあげてください。親からの最高のプレゼントだと思います。

第2章

利益を出すためには

会社は利益を出す

当たり前のこと

「会社は経済的成果を上げるために存在するのではない」という方がいらっしゃいます。つまり、儲かったらダメだと。しかし、いくらきれいごとを言っても、利益が上がらなければ、倒産します。給与は払えません。会社は大きくならないし、大きなビルが建つわけもないです。銀座の一等地に店を出せるなんてありえません。

もちろん、世の中の役に立ちたいから、発展していく、これも事実です。右手には数字と、左手には人としての最高の人格から練り出された使命、高い志から発せられるエネルギーの高さを持つべきです。

確かに「経済的成果だけを見ている企業に繁栄はない」と理解しています。

しっかり利益を出して夢につなげていくか、それとも、そこそこ利益を出してこぢんまりと歩んでいくか。この本を読んでくださっている皆様方には、ぜひ、日本を背負って立つ原動力になっていただきたいと思います。

利益を出していくにはどうするのか？

社員の意識改革と数字の勉強

何をもって成功というのか。結果を出せて成功なのです。

弊社の場合、2012年MBO実行の前年度は赤字ギリギリ、正確に言えば本業は赤字でした。その状態から454億円を借り入れ、MBOを実行し、10年後の、2023年3月末までに全額を返済しました。これは、MBO後、利益を出し続けてできたことでした。

MBO以降の企業経営は成功したと言ってもらえるとしたら、当然この結果は経営者1人で上げられたのではなく、多くの人が関わってできたことです。いくら優秀な経営者でも、1人でできることなど知れています。経営者は人を動かさなければ大きな結果につなげることはできないのです。

人を動かすには、まずはトップ自ら数字の勉強をし、自社の現状把握（数字）をしっかりと行います。そしてそれを社員に伝え、社員の意識を変えていかなければなりません。さらにトップは、会社をどうしていきたいのか、多くの夢を伝えることです。

当たり前のことですが、経営者はＰＬ（損益計算書）とＢＳ（貸借対照表）がしっかり分かり、期末には最終的にいくら売り上げ、いくら残り、いくら貯金ができたか？　もし自社を清算したら、どのような状態なのかを頭に入れ経営をすべきです。

私は部下に対しても、「○○君商店だったら、資金が１００万円あれば商品をいくつ仕入れて、どれだけ売って、利益がどのくらい出て、そこから経費を払って最後にいくら残る?」　そんな話をよくしています。それにより、社員一人一人にも経営者意識を少しずつ付けてもらっています。

そして銀行様には借りたお金は約束通りに、期日までに返す。約束は守る。ビジネスパーソンとして当たり前のことを、当たり前にすることが利益を出すことにつながります。

売り上げを上げるためにはどうするのか？

お客様を喜ばせる、お客様目線

顧客になってもらうには、喜んでいただかなければ、また来よう、とは思いません。お客様にとっては、払ったお金より価値のある買い物ができた、もしくは、サービスを受けたことが満足です。

私たちは顧客から学ぶという姿勢が大切です。自社以外で、お客様はどこでお金を使うのか。競合他社の良いところを聞くことが大切になります。

スーパーマーケットであれば、食卓に上るメニューは何なのか？　常にどこの家でも冷蔵庫に入っているのは何なのか？　そういったことを考えると喜ばせるためにどうすればよいかが見えてきます。欲しいものが見つけやすく買いやすい店にするためには、お客様目線で売場をつくることに徹するしかありません。

日本の家庭で、最も多く食卓に上がるメニューはカレーライスだそうです。それならば、一番人気のあるカレールーだけを、安く大量に置けばいいかというとそうではありません。異なる種類のカレールーをブレンドして我が家の味を作る、とい

う ご家庭が多いからです。タイヨーにカレールーが1種類しか置いてなかったら、お客様はタイヨーでカレールーを買ってくれなくなるでしょう。自然にお客様は減っていきます。

製菓子材料の一つに、バニラエッセンスがあります。少量ずつ使うものなので、ご家庭に1本あればかなり長持ちします。なので、一定期間で売れる本数は他の品物に比べると、かなり少ないです。あまり売れないからといって、売場からバニラエッセンスをなくしてしまったら、その店で製菓子材料を買うお客様はいなくなってしまいます。品ぞろえはお客様に対する信用に関わるものなのです。難しいです。

多くのご家庭で、買い物の決定権は奥様、女性にあると思います。家族の食を担っている方の気持ちを汲み取った売場をつくることが大切なのです。そこに気づいてほしいと、私は社員たちに常々言っています。お客様を喜ばせることができれば、おのずと売り上げは上がっていきます。

皆様のおかげで、弊社も少しずつではありますが、経営状態が良くなってきましたが、まだまだ課題が山積しています。2013年から1個ずつ丁寧に問題を解決してきたように、今後も「お客様を喜ばせる」「お客様の役に立つ」ことを基本に頑張っていきます。

どうしたら赤字を立て直せるか？

数字が分かるよう勉強する。
業務を単純化、標準化する

弊社もそうであったように、数字が分からなくて仕事をしている人が多いと思います。

まずは数字が分からなければ話になりません。もちろん会計士の先生方のレベルは必要ありませんが、簿記2級をマスターすることは当たり前です。

とはいえ、難しく考えるから難しいのです。企業会計も家計と一緒です。いくら収入があり、いくら残ったのか（PL）。家にいくら貯金があり、ほかにお金に換えるとどの程度の金額になる財産があるのか（BS）。簡単に言えばそれだけのことです。赤字なのか、黒字なのか？

トップ自ら経費削減の意識を持つのも大切です。

赤字の削減に手っ取り早い方法は、コスト削減を仕事にしている会社がありますので、その会社に自社の様子を診断してもらうのも手です（コピー用紙、トナー、etc.……）。

多くの会社がそうですが、PLを見て、多くの費用がかかっているのが人件費です。ですから、人件費が増えないことを考えること（機械化、セルフレジ、ロボットなど……）は経費削減につながります。弊社はＭＢＯをするに当たってリストラはしないと明言しました。人が減るのはあくまでも自然減に任せています。２０２３年まで正規正社員の採用を止めました。非正規社員からの正社員登用は進めています。

ですが人が減ると戦力が減って会社は回るの？　という問題が出てきます。そこは、人が減っていっても、会社が回るようにひたすら業務の改善と単純化と標準化を進めています。

早く結果を出すには

マーケティングも大切だが、
他社の良い点を
学ぶのが手っ取り早い

人気のスーパー、結果を出している競合他社から真摯に学ばせてもらっています。

ＭＢＯ以前、鹿児島の流通業界では、弊社が唯一東証二部に上場しておりましたので、他社から学ぶ姿勢が欠落していたように思います。おごっていました。

結果を出しているところが正しいのです。人気のあるお店はお客様のニーズを知り、それに応えているから売れるのです。私たちはまだまだです。

売れ行きのデータ分析やマーケティングをすることも大切ですが、一番手っ取り早いのは、うまくいっている会社、商品から学ぶことです。

お客様は誰なのか？

ペルソナをつくってみる

私たちは、お客様のことが分かっているようで、分かっていません。深く考えれば深く考えるほど奥深いからです。ここを深くしっかり明確にすることで、何を提供すればよいのかが分かってきます。

当たり前ですが、会社があって、売り上げがあって利益を上げるためには、お客様の目線に立てているのか？　が重要です。

お客様は何を買いたいのか？　お客様の意思決定に影響を与えている人は誰なのか。ある日を境にお客様でなくなったのはなぜか？「お客様を知る」ことは「企業を発展させる」ことです。ペルソナ（実際にその人物が存在しているように年収、趣味、その他）をつくってみることで見えてきます。

私たちは過去に結果を出してきました。ですが、今のままではダメなのです。

時代は、昔と比べどんどん早く流れ、コロナ以後はますますその変化は速くなり、風のように時が流れる時代になりました。今売れている商品、今成長している会社、今利益を上げている会社は間違いなく、お客様の支持のある会社です。お金を出してくださるのはお客様です。私たちは、本当にお金を出してくださっている人が誰なのかを見る必要があります。

昔、「お客様は神様」という言葉がありましたが、どのような時代でもここがおろそかになれば、物は売れないでしょうし、お店も繁盛しません。弊社の場合は、ほとんどが女性のお客様であり、主婦が多いのです。業種にもよりますが、お客様目線を持てないトップが経営することは難しい時代です。

結果を出すには
スピード

とにかく動く

前回出版した『スーパーな女』（ダイヤモンド社）にも書いていますが、私たちのようなローカルの凡人の集団が、天才的な方々の集団と戦っていくためには、スピードしかありません。

凡人がいくら数字を並べ、なんちゃってロジックを語っても時間がもったいないだけなのです。数字が大切だと何度も述べてきました。ですが、厳密に数字を並べて資料を作るのでは時間がもったいないと言いたいのです。行き当たりばったりではダメですが、肝心の数字だけ押さえて、とにかく動く。時代はどんどん進んでいます。行動しないでどうするのですか？

2013年にMBOしたときに言われました。清川照美は何も分かっていない、行き当たりばったりで行動していると。もしあの時、行動していなかったら、今の弊社はありません。結果は、とにかくスピードをもって行動するという姿勢に軍配が上がりました。10年前に計画したことがすべて実現しました。

ＭＢＯしたとき、銀行様は弊社の10年後まで想定していました。当然の話ですが、弊社がうまくいかなかったときに銀行様が損をしないための絵も描かれていたようです。だから私は再建のスピードを重視しました。銀行が想定した時間軸で動けば負けてしまう、彼らが想定できないスピードで走るしかない、と。

周りの方々からは、当時の実力からだと年間10億円の返済しかできないと言われていましたので、１００億円分の不動産売却を勧められました。ですが、不動産の売却は約10億円ほどにとどめ、本業で4倍のピッチで返済すると決めました。そのために、店舗の改装は後回しとし、コストを極限まで抑え、返済を最優先しました。このスピードで４５４億円を10年で返済したのです。

結果的にそれは正解でした。返済のめどが見えてきた時点から、既存店の改装やリニューアル、新規出店もできました。

戦略と戦術

仕事を進めて行く上で、よく語られるのが「戦略」と「戦術」です。ここをごちゃごちゃにして語られることが多いです。

もともと「戦略」と「戦術」は戦争をするときに使われた言葉です。よって戦略とは、例えば○○○が○○○○を攻撃せよと、大きな方向性を出すことです。この戦略を立てるのはトップの仕事です。ここを下位の人々に考えさせるのはおかしいです。戦術こそ、皆で武器は何にするのか、どこから攻め入るのかの具体策の話になります。

ちなみに、私はこの文明社会の中で国と国の戦争なんてありえないと思っています。自国以外の領土を取りに行くなんてありえない。やってはいけないことです。とはいっても、相手が攻めてくれば、私たちは戦うだけの準備があることは示すべきです。

成長軌道に乗せるためにはどうすればよいのか？

基本的な戦術は7つ

戦略として、まず最終的にどうなりたいか、どうしたいかというビジョンをトップが決めます。そのビジョンに向けて、戦術として、次の基本的な7つの項目ごとに日々実行していく具体策を考えていきます。

一、部下へ現状を伝える。意識改革をする
二、会社の気を変える（トイレ掃除などで……）
三、部下への共感を広げる
四、社員との信頼関係を広げる
五、教育する（勉強）
六、スピードを出す
七、逃げない

それぞれの戦術が適切に実行されれば成長軌道に乗っていきます。そして走り出したら、近い将来、主になってくる人材のことも考えておきます。

幸運な情報が入って来るためにはどうすればよいのか？

古い情報は捨てましょう

幸運な情報を得るためには古い情報を捨てることです。古い物（紙・本・パソコンの情報）を捨てなければ、新しい情報は入ってきません。

より良い戦術を立て、より良い行動を取っていくためには、的確な情報が必要です。戦術を有利に成功させるための情報です。チャンスに気づき、チャンスを生かせる情報です。これを私は「幸運な情報」と言っています。

情報の捨て方として、例えば私の自宅の本棚には、毎年買う多くの本があります。私は、毎年1月に書棚から本を全部出し、書棚の拭き掃除をして、書棚から出した本のうち、100冊ぐらいは人にあげるか会社に持って行きます。クローゼットには多くの服があります。ここも、人に譲ったり、リメイクをしたりするのです。いずれにしても、古いものを置いていては、本棚、クローゼットに新しいものは入らなくなります。それと一緒です。

会社でも、しっかりと書類を整理し、いらない物を捨てると仕事のスピードは上がり、良い情報が入ってきます。今の時代、情報はお金です。

返済計画は
どのように進めていったのか？

目標を決めたら同じ話をしつこく繰り返す

上場廃止をするに当たり、銀行様から借りたお金は合計、約454億円でした。そのうちもともとあった借入金は約250億円で、銀行様から言われた当初の返済計画は、まず100億円分の不動産を売却し、一部返済する。そしてそこから元の状態（借入金約250億円）まで戻すまでに10年かかるというものでした。

つまり、不動産を売って残った借金、約350億円のうち、約100億円を返済するのに10年くらいはかかると言われていたのです。私はそれを、10年で全額（457億円）返済する計画を立て、予定通り2023年3月末にすべてを返済したのです。

そのために私は1年ごとに会社を強い体質に変え、利益を十分に確保していくための年次計画を立案しました。

普通の会社は数字を並べるだけと思いますが、数字より目標を掲げたほうが結果的に数字に反映されます。

1年目は、「営業利益」
2年目は、「労働分配率」

3年目は、「ローコストオペレーション」
4年目は、「経営者意識」
5年目は、「無駄をなくす」
6年目は、「筋肉をつける」（利益体質の強化）
7年目は、「前向き」
8年目は、「トイレぴかぴか元気な挨拶」
9年目は、「人時生産性の管理」
10年目は、「フォーマットの統一」（標準化）

このように、毎年の大きな目標を一つの言葉として掲げ、同じ言葉をしつこく繰り返し言ってきたことで、その言葉がまるで言霊となったかのように社員の心が一つになり、毎年の目標を達成してきた、と考えています。

この10年間の目標は返済とは直接関係ないようですが、一つ一つ達成できたことで、弊社は営業利益の出る会社に生まれ変わりました。しかも気がつけば、これら10個の言葉がこの10年で会社の文化になり、結果に表れてきていると思います。

銀行様とどう接すれば会社は発展するのか？

当たり前ですが借りたお金は返す。
信用が一番

ビジネスをするに当たり、一番大切なことは信用と信頼です。

金融機関に対しても、信用と信頼がなければ多くのお金を貸してもらえません。この人に貸したらしっかり返してくれるという信頼です。

一番大切なことは、ウソをつかない、約束は守る。人間関係においてもここがしっかりできなければ上席には上がっていけないし、発展もないと思います。

他界した里の父がよく言っていました。信用を得るには10年かかると。失うのは一瞬だと。だから商売するには丁寧に生きなければいけない、と。

会社を大きくするには、借りたお金は期日までにすべて返し切ることです。その後で次のステップアップのための借り入れをすればいいのです。

ここに気づいていない経営者は意外と多いと思います。ここに気づかないと、こぢんまりと終わってしまうのだと思います。少し会社がうまくいったら、すぐに不動産を買ったり、別のところに投資したりする経営者が結構いらっしゃいます。大抵の方はそれが賢い、うまくやっていると思っています。ですが、私はそれは違うと断言します。そんなことをしていたら、借入金はまったく減らないままです。たとえ土地やビルという資産が増えたとしても、それが本業とあまり関係がなければ会社は大きくなりません。

これが日本の中小企業が大きく成長できない一因だと考えています。このようなことを繰り返していると、1億円の借り入れがある会社が10億円借りられる会社にはならないのです。約束の期限までに、きれいに返済してから、次のお願いをすればいいのです。

借りたものをしっかり返すことで信用が生まれます。そうすれば、各銀行様が競争して低金利の融資の話を持って来てくださるようになります。その際は、こちらに有利な情報もどんどん入ってくるようになります。

会社は大衆の
豊かさと幸せの
ために存在している

弊社の使命は「大衆の豊かさ」のために存在している、です。そのために良い物を1円でも安くお客様に届けることだと思っています。お客様、従業員、すべての日本にお住まいの方々に幸せを届けられる会社になりたいと思っています。まだまだ勉強不足ですし、まだまだ努力不足です。皆様のお役に立てるよう頑張ります。

会社を利益体質に変える

提案書の作り方

シンプルでわかりやすいこと

提案書は、自己満足であってはいけません。聞く側が何を望んでいるのか、ポイントを押さえて作る必要があります。一番はシンプルで分かりやすいことです。結論から述べて、10枚ぐらいまでにまとめます。初めにストーリーをつくって、これに説明を加えていってください。家を建てるときのイメージです。

会社が利益を出していくためには、有効で具体的な戦術を立案し、実行します。その前に、その戦術が実行に値するか、経営者や実行部隊に納得してもらわなければなりません。

そのために、戦術の提案書が必要になります。提案書の書き方を簡単にご紹介します。

結論

根拠（問題点）

具体策

5W2H

1 When
2 Where
3 Who
4 What
5 Why

1 How
2 How much

第3章

信頼できる部下を
どうやって育てるのか？

部下の育て方

愛情をもって接する

すべては部下が幸せであることを願って。

部下を育てるのは、母親が子どもを思う気持ちに近いかもしれません。大丈夫、必ず成長できます。そう信じて人材育成に当たっています。

「企業は人なり」。当たり前過ぎるぐらいの言葉です。「会社は社長以上の人材は集まらない」。これもよく聞く言葉です。

「部下を育てる」。

まずは部下と一緒に自分自身が今以上に成長することです。自分自身を愛し、自分自身から自分を好きになってもらえるように努力する。人を動かしていくためには、自らが動くことです。そうすることで、子どもに愛情を注ぐように部下たちにも愛情を注げる気がします。

私は、清川照美と一緒に仕事をして、部下だけではなく部下の「家族までもが幸せになれた」と言ってもらえる、そんな上司になれたらと思って一緒に仕事をしています。社員の皆さんにご家族に幸せがいっぱい降り注ぎますように、そのような気持ちです。

もちろん、部下が間違っている場合には真剣に話をします。部下の目から涙が流れてくるぐらいに指導することもあります。

私の部下は、私と向かっているベクトルが違う人は無理ですが、たくさんの会社の中から弊社を選んでいただいた、縁のある方々です。彼らには、なんとか成長してもらい、今より、はるか上のポジションに昇りつめてほしいと願っています、そして、社長になって、たくさん稼ぎ、今以上に周りにいる人を幸せにしてあげられる、そんな人に育ってほしいと思っています。

実際、弊社には、売り上げ100億円規模の会社であれば、社長に出せる人材が7人ぐらいは育ってきています。

幹部社員はどうやって育てるのか？

秘書にして、私のＤＮＡを伝える

私は、部下たちが幸せになってほしいと心から願っています。

幹部候補には、私の秘書として一緒に仕事をしてもらいます。

秘書になった方には、私が知り得ることを惜しみなく話し伝えます。経営者としてのものの見方、数字の見方なども学んでもらっています。私のDNAを継いでもらうのです。3カ月から1年間の秘書業務を終えた後は、私のDNAを各部署に伝えてもらう、伝道師の役目になってもらいます。

幹部候補には、前向きに仕事をしてもらうことを一番大切にしています。彼らが、後に経営に携われるようになるためには、積極的にスキルを上げなければならないからです。前向きな姿勢で、自己研鑽《けんさん》をしようという気持ちがあることが重要です。

弊社では、MBO後から、社員の各種資格取得を後押ししています。登録販売者、簿記、宅建、中小企業診断士などに挑戦する社員が増えてきています。

幹部候補生も、最初からすべてに前向きではない場合もありますが、秘書となってマインドを変えられる人であれば大丈夫です。今は、幹部社員候補も含めて、自分の人生を前向きに一生懸命生きたいという社員たちが残ってくれていると思っています。

弊社は今後、さらに事業の規模を拡大する予定ですが、そのときに社長を任せられる人材をたくさん輩出したいと思っています。

社長はオールラウンダーでなければなりません。

秘書には、社内については全部門の業務に関わってもらいますし、私がさまざまな経営者や著名な方々とお会いするときも、同席させます。一流の経営者やリーダーの振る舞い、お話の内容に学ぶべきことがたくさん詰まっているからです。彼らには、社長になるための引き出しをたくさんつくるために今があるのだと伝えています。そうすると、みんな頑張ろうという気持ちになってくれます。

大変な思いをすることもあるでしょう。ですが、そんなときに私は言います。「それを乗り越えなきゃ、次のステージに行けないよ」「心が強くなければ、上席には上がっていけないよ」と。こういう言葉も話しています。

普通の人を優秀な部下に育てるにはどうしたらよいのか？

褒める

2023年も2月末で期が終わりました。毎年、私の周りにいるメンバーはほぼ総入れ替えになります。ありがたいことに、皆が異動する際、彼らからは多くの温かいお礼のメッセージと、感謝の花束をいただきます。彼らが仕事をしていて、心から幸せを感じ、彼らの家族にも良い影響を与えられることができたと思うと、本当にうれしく思います。

毎回、この時期に卒業する秘書たちに対しては、銀行様や、電話で対応した方々、私の近くの友人たちなど社外の方々から、多くのお褒めの言葉をいただきます。秘書の家族からも、彼らの言葉遣いが丁寧になったとか、頭の下げ方が丁寧になったといった話を聞きます。

彼らは褒めてほしくて行動しているのではないはずですし、私としても別に厳しく教育の決め事をつくって言っているのでもありません。基本、仕事は楽しくしたいと思っていますので、あまり細かいことは言わないのです。もちろん、成功したり、うまくいったことは、すぐに褒めたり、感謝の気持ちは伝えます。それでも1年後には皆さん、誰からも褒められる人物になって、私から羽ばたいていかれます。

私は娘を嫁に出す気持ちで送り出します。

褒め言葉は彼らに直接言ってあげるのも当たり前のことですが、「○○さんもあなたのことを素晴らしいと言っていたよ」とか、近くの人に「副社長が○○さんのことを褒めていたよ、と言っておいて」とお願いします。部下を育てるには、長所を見て、褒めてあげるようにする。そうすれば、不思議と雨後の竹の子のように、どんどん成長してくださいます。

人は期待されて成長する

人は期待されて成長します。前向きで、努力ができ、プレッシャーに強い人は期待してあげれば間違いなく伸びてくれます。ただ、メンタルの弱い方は厳しいかもしれません。心を強くすること。ここは自分を信じ、自分で乗り越えるしかありません。

オープンな
コミュニケーション
を意識する

さわやかな風が流れる
会社を目指しています

私が仕事をしている場所は、1Fのワンフロアーの真ん中、普通の事務机と椅子です。横に男性秘書1人、女性秘書1人、前が副社長室の面々、その前が総務、その前が人事、後ろが販促、開発、システム、財務、監査、と並んでいます。

すべてがオープンで、立って周りを見渡すと、「○○さん、お手隙ならお願いします」と、すぐにでも話のできる状態です。

クルマでの移動中や、社員と話をしているときはもちろん、お取引先様と話をしているときもそうですが、どんな場面でも、社員の中で元気がないなと感じる人がいればランチや食事に誘ったりしてコミュニケーションを取ります。コミュニケーションを取ると、必ず気がつかなければならない問題点が見えてきます。

今でこそ、弊社にはこのような方はいらっしゃいませんが、MBO以前は、部長が勤務時間中にパソコンでゲームをする、野球を見る、小説を読んでいる、個室で昼寝をしていると残念な人もいらっしゃいました。

よって今は、パソコンはすべて同じ向きにそろえています。フロアーを歩くと何をやっているのかが分かります。問題のある社員は、基本的な挨拶ができません。コミュニケーションを取ることもそうですが、常に人に興味を持っていると、その人の雰囲気で、何か問題がある人は見えてきます。

私が目指すところは、さわやかな風が流れる会社です。

こんな仕事は
やりたくない
と思う部下に伝えること

緑があった仕事はすべて意味がある

会社の中で仕事をするとき、私には合わない仕事を、つまらない仕事をなぜしなければいけないのか？　そう思うことがあると思います。人間なので、不平や不満、愚痴が出るときもあるでしょう。ですが、人生に無駄がないといわれるように、縁があったことはすべて意味のあることなのです。

例えば、コピーを取る仕事を与えられたとき、それをどう思うのか？　社内で一番きれいにコピーを取れるようになれば、それは大きな価値に近づきます。コピーのトナー代や紙質を検証し、経費の節約を発案する。そこまで深く入っていける人であれば、どこの部署からもひっぱりだこになるでしょう。

社員が「自ら育つ」をマネジメントする

リーダーの器の大きさが大切

当たり前ですが、仕事は1人ではたいしたことはできません。多くの人に協力してもらって数字をつくっていきます。大きな組織になればなるほど、限られた時間の中で、生産性を上げていかなければなりません。そのためには、社員には自分で学び、成長し、動く社員になってもらいたいと思っています。人に自ら動いてもらうためにも、一番は愛情をもって接することです。

あとはトップの器の大きさが、そのような人材を育てていくと思っています。

社員が育つためには、トップ自らが成長することです。第1章でも述べましたが、トップ自身が学び成長することが、大切です。

自ら本を読んで学んだこと、人から学んだこと、新聞からの情報で役に立ったことを社員に話します。このようなことを続けていると、社員も自ら学ぶようになってくるのです。

社員が自ら育ち、組織力を高めたい。トップが本当にそう思うのなら、トップ自ら勉強することなのです。トップ自ら学び、学んだことを社員に伝える。愛情を持って接するとき、自然に社員は育ってくれます。私は、学生の頃は勉強することに必要性を感じず、意味がないと思っていました。

ですが、会社をなんとかしなければと思えば、自ら勉強をせざるを得ませんでした。知識がないので経営コンサルタントなどに任せようと考えている方には、コンサルタントはあくまでコンサルタントであって当事者ではないということを意識してほしいと思います。彼らは責任は取らないのですから。私も、弁護士の先生や会計士の先生、経営コンサルタントの先生方には、頼りになる相談相手として、お願いするようにしています。

私は、読んだ本、1冊ごとに要点をまとめ、本の後ろのほうに残しておきます。参考になる本は会社に持っていって、誰でも読めるようにしてありますので、こうしておけば、どんな内容か、重要なことは何かを部下たちがスピーディーにつかむことができます。今では、多くの部下が自ら本を手に取って、これらの書籍から学ぶようになってくれています。

問題点を見つけて、計画した人に実行してもらう

部下から「スーパーマーケットが効率的な経営を実現するための『チェーンストア理論』では『組織分業』が経営の柱になっています。この考え方は、当社の業務の進め方と相反するのではないですか?」との指摘があったことがあります。

マネジメント層は、改革の計画段階から参加してもらい、自ら考え、実行させています。そのために、弊社では多様な階層の社員が現場の仕事に関与します。確かにチェーンストア理論は、計画立案されたものを社員さん、パートナーさんが、現場でルーチンワークすることだといっていますので、弊社の社員はこの枠にとらわれない、進め方をしています。

経営陣は会社の方向性をしっかり示しますが、問題意識を持つ社員がそのベクトルに沿う形で、いろいろと意見したり、提案を出したりしてくれます。弊社では、意見や提案があれば、できれば実行も本人に任せていきます。そのほうが一生懸命に取り組んでくれるし、良くなると分かっているからです。

グロサリー部門（食品と住生活）の部長には、グループの食品製造業会社の副社長を兼務してもらっています。

本部の開発課の課長が、店舗の店長になった際、惣菜《そうざい》に問題点を見いだし、現在、その方は開発部長兼惣菜部長兼、さらには企業型保育園の管理者も兼務しています。彼には、保育園の立ち上げから関わってもらっています。精肉部部長は鮮魚部部長を兼務しています。人事部長が自ら手を上げ販促の部長を兼務してくださっています。

皆さんすごいんです。

部長さんたちが頑張ってくれるので、おのずとその部下たちも頑張ってくれます。本当に素晴らしい人材に恵まれて感謝しています。

問題点の
解決策の出し方

5cm×5cmの付箋を使う

それぞれの会社、部署の中で、解決していかなければならない問題はたくさんあると思います。しかし、問題の指摘も、解決もなかなかできません。会社がよくなるためには、問題点こそが金の卵だと思います。

この考えに基づいて、弊社では問題点を常に洗い出すようにしています。では、どうしているのかと言いますと、問題点を出していただく会議の例ですが、ここでは社員の皆さんに、5㎝×5㎝ぐらいの大きな付箋に、問題だと思っていること1つを書いてもらいます。そして、考えられる解決策も書いてもらいます。ホワイトボードに貼り付けていきます。一通り貼り終えたら、大きく4つの問題点のカテゴリーごとにグループ化して貼り直します。

ただし、一度にあまりたくさんの問題点は出さないようにお願いしています。なぜなら、出てきた問題を解決することが大切であって、人的リソースは限られていますから、解決できるペース配分を考えながら問題の抽出と、解決策の考察を進めるのです。リソースは集中させることが大切です。

この問題解決法の種明かしをしますと、業務を遂行する上で、どんな問題点があるのか、私は実は分かっているんです。ですが、上から問題点を指摘すると、部下たちはやらされ感を持ってしまいます。こちらとしては分かっているけれども、あえて書いてもらうのです。

出してもらった問題点と解決策について、「これについてどう思いますか」と、ほかのメンバーの意見も聞いていきます。

私から、「こういう問題があると思うけど、皆さん、何かご意見ありますか」と尋ねても、絶対に出てきません。その場に、直属の上司がいたりすれば、ますますそうなってしまいます。皆さん陰で問題点を指摘していても、面と向かって言う人はなかなかいないのが実情だと思います。付箋に書いてもらい、貼り出すと、問題に気づいている人はどんどん意見を口に出してくれるのです。

自分たちで問題点を見つけて行動していく。他人事ではなくなります。もちろん、トップはベクトルを間違わないように舵を握っていないとダメですが。

問題を発見し、これを解決した例を1つ紹介しますと、かつて青果部門が慢性的に赤字の状況でした。黒字に転換するには、どうしたらいいか。みんなで意見を出し合いました。

問題点として「鮮度が悪い」「他店より値段が高い」「季節感を感じない」などの意見が出ました。そういったことは、私だけでなく、もうみんなも分かっているんです。問題点を明らかにして、みんなで共有する。その上で解決策を話し合っていきました。もちろん青果部門は今、黒字です。店舗のオペレーションについての問題解決策を検討する際には、私から「普段、買い物をする奥様の意見を聞いてきてください」といったコメントをしています。

会議の場以外でも、私は部下に会ったとき「何か問題点がある?」「困ったことはない?」とよく聞くようにしています。声を掛ければ、話してくれる場合もあります。悩んだり困ったりしていることがあるかどうか、顔色を見ればだいたい分かります。

副社長経営塾

1カ月に1回は、社内で「副社長経営塾」を開催しています。

おかげさまで私は仕事上、いろいろな会社の上席の方や、各界の著名な方々にお目に掛かることが多く、その方々から学んだことを、常に社員に話をしてきています。もちろん前述したように読んだビジネス書の話もします。以前は1年かけてピーター・ドラッカーの勉強をしたり、現在は松下幸之助翁の勉強をしています。

普通の経営者はあまり言わないと思いますが、稲盛和夫氏の著書から学んだ「日本国にもバイオリズムがあり、国の状況は80年周期で動いていること」、これを計算すると2025年ぐらいが底に来る、といった仕事以外の話もして、危機感を共有しています。

このこともあって弊社は2023年には借金を全額返し、底を転機に、飛躍をするために打って出ると10年前から話をしてきています。経営陣は長期的展望を持ち、未来に大きな夢を持って進んでいることを話しています。

第4章

逆境を
乗り越えるために

抵抗勢力

改革を進めると必ず現れる

会社を改革していくに当たり、抵抗勢力がないはずがないわけで、内外共に多くの軋轢《あつれき》に遭いました。毎日、どんなことが起こってくるか、ドキドキの繰り返しでガラスのハートは壊れそうでした。

社内においては、朝出社すると、机の上に靴の跡があったり、1カ月で3回ほどクルマのタイヤに釘を打たれパンクしたりしました。「おはようございます」と挨拶をしても無視されていました。

社外においては、業界紙からは「主婦が経営改革などできるはずがない」とたたかれ、ある会社様からは、弊社スーパーでの不買運動をされたとの噂を聞きました。あるお取引先の社長様からは普通の女だと言われ、ここまで散々言われると、改革を始めて数年たってからは逆に何を言われるのか楽しんでもいました。心を強くするには自分を信じ、逃げないことです。

嫌いな人には
鍛えてもらい
ありがとう
ございます

当たり前ですが、人間社会で生きていると、嫌いな人（相手も自分のことを嫌だと思っているでしょう）、意地悪な人もたくさんいます。できることなら無視して眼中に入れないようにしたいところです。ですが、仕事となればそういうわけにもいきません。

ですから、心の中で、あなたに鍛えていただき「ありがとうございます」と常に唱えます。すると自然とそういう人との縁がなくなったり、相手も変わってくれたりします。もちろん私も成長しているのだと思います。

今では、そんな方はいらっしゃらなくなりました。

今以上の人間になるためにどうすればよいのか？

成長したいのなら逃げない。
乗り越えられない試練は
与えられないのです

逃げる人に、成長はありません。仕事をしていれば理不尽なこと、苦しいことはたくさんあります。私は「大いなるものは、乗り越えられない試練は与えない」と考えるようにしています。どんなにつらいことがあっても、それは乗り越えられることなんだと自分を信じ、歯を食いしばり、頑張っています。

小さい子どもやお年寄りが、大きな荷物を運んでいると、手伝ってあげたくなりませんか。会社経営も同じだと思います。頑張っていると、必ず協力者が現れます。周りの人は見ています。

人はバイオリズムがあり、つらい時期があっても、3年くらい逃げなければ流れは変わると思っています。つらくても前を向くことです。

しかし、つらいときに努力しても、助けてくれる人たちが出てこないということもあります。ですが、そのようなときは自分にまだ学びが足りず、そのときが学びの最中なのだと私は考えるようにしています。状況を真摯に受け止めて、自分自身の努力がまだ足りないのだと、さらに努力します。大切なのは、自分が変わることなのです。

人は、生きていて大変な場面に遭遇しても、人生が終わるときにいい人生だった、充実した人生だった、と思いたいのなら、決して逃げないことだと思います。

大丈夫です。考えてもみてください。20歳の頃の悩みなど、大したことなかったですよね。その悩みを乗り越えて、成長した皆さんがあります。私たちには乗り越えられない試練は与えられない、そう考えています。

会社を立て直す中で思いもよらない苦しいことに遭遇し、それらを乗り越えたとき、どんな困難な事態が起こっても、これは自分が越えなければならないことなんだから起こって当たり前なんだ、と思えるようになりました。

自分自身が成長するためには、困難を越えるしかないんです。泣くしかない。悔しい思いをしたり、つらい思いをしたりしなければ、越えられない。そういう経験が自分の魂を磨いてくれます。

現在も日々、さまざまなことがあります。ですが、逆に最近では楽しめるようになりました。越えられるからこそ、与えられた試練なのだから、「鍛えてくださりありがとうございます」という気持ちでやっています。

批判はあって当たり前。何事にも一喜一憂しない、落ち込まない。そういう精神力がある人が真のリーダーだと思っています。

「自分のレベルを上げる」
「自分を変える」
ためにはどうすればよいのか

正しい習慣を増やしていく
人生で今日が一番若いのです

「自分のレベルを上げる」ためには、どうすればよいのか。「自分を変える」ためには、実は日々の習慣が大切だ、ということにも触れておきたいと思います。

もし、自分がこんな性格だったら、もし、自分にこんなことができたら、私はもっとこんな人生を歩み、こんな人になれたのにと、多くの人は言い訳をします。変われないことを言い訳に、自分自身を変えようとはしない人たちが、あまりにも多いように思います。

では、どうすれば変われるのかと言うと、答えは1つ。正しい習慣を1つずつ増やしていくことなのです。歯磨きと一緒です。毎日続けることを1個でも増やすことができれば、間違いなく人は変われます。

人から見て私はどのように見えているか分かりませんが、私は、気持ち45歳、戸籍年齢65歳です。年間を通しての習慣、週で決めている習慣、日々で決めている習慣、例えばお風呂は朝と夜の2回入り、その中でのルーチンとして出張先でも、いろいろな習慣を持って過ごしています。大変なことをしているかというとそうではなく、歯磨きと同じレベルなのです。

例えば私には年間を通しての習慣があります。1月には書斎の、棚の中の引き出しまで出して、丁寧にすべて整理をします。第1章で述べましたが、年間100冊ほど増える本は100冊ぐらい捨てるか、もらってもらいます。

このように、月ごとに場所を決めて部屋の大掃除をしていきます。1年間で各部屋を一巡します。週単位では、月曜日に1週間分の食事の下ごしらえ、常備菜を作ります。これも30年以上続けています。日々のルーチンとしては、朝、夕に1階、2階、玄関の入り口、床をモップ掛けし、鏡、窓、シンク、トイレと1回ワンセット30分ぐらいで日々続けています。

お風呂は1日2回、朝、夕に入ります。

私は基礎体温が低く、体温を上げるためです。35度台だった体温が、10年ほどで36度3分ぐらいまで上がり、今はとても元気です。夜は半身浴をしながら、50ページぐらい本を読みます。2022年7月からは、お気に入りのパックを朝、夕毎日しています。少しはシミが薄くなってきました。

歯磨きをしながら、お腹の贅肉《ぜいにく》を落とすブルブル電子機器を付けています。東京出張のときは、必ずプールとジムに行きます。とにかく、地味に続けることです。毎年1個でも何かをプラスして、続ける。

習慣をつくっていくときは、三日坊主になるものが増えていってもかまいません。その中から、習慣になっていくものができてきます。

人間は当たり前ですが、食事をして排せつをします。私の場合、トイレに入ったら必ず何かをしています。子育て中は本を読む時間がなく、トイレの中で本を読みました。1ページでも読む。気づいたら、1冊の本を読み終えています。本当に小さいことの積み重ねです。

自分を変えようと思うなら、小さなこと1つでも習慣をつくってみることがお勧めです。小さな習慣1つで、気持ちや体を変えていくことができると思います。人生で、今日が一番若いのです。

最近は10年後も現状維持を目標に頑張っています。

自分で自分を褒める

自家発電の女

年を重ねると、重ねた分だけ自分のことを褒めてあげるようにしています。それだけいろいろな経験を積み重ねながら、苦難を乗り越えてきたのですから。

ある年上の方から、誕生日は、還暦を過ぎたら、誰かがお祝いしてくれるのを待つのではなく自分で祝うものだと教えてもらいました。なるほど、と。60歳を過ぎると、自分で褒めることができる人物になっているということか、と納得しました。気がめいったら、鏡を見て、私は偉い、ここまでよく頑張っている。いい男だ！　いい女だ！　と褒めてあげてください。今よりさらに先の未来の自分も想像しながら。

子どもたちが小さい頃から、「お母さんは自家発電だよね」と言われていました。

苦しいときは
小さくなり踏ん張る
波が来たら大きく乗る

スポーツでもそうだと思いますが、物事には波があると思います。波が引いているときは、どれだけ頑張っても進めないと思います。帆船は、波風が強いときは帆を小さくたたみます。危ないからです。波が落ち着き、順風になれば帆を大きく開き、風に乗り、スピードを出します。

波（チャンス）が寄せてきて、さらに追い風があれば良い結果が出ます。ビジネスも同様です。

弊社はスーパーを営んでいますので、雨が降ると、本当に売り上げが落ちます。なかなか数字が上がらないと普通はめげてしまいます。ですが、めげてしまったらさらに崩れてしまいます。売れなくても、お客様に喜んでいただける売場をしっかりつくることに徹すれば、必ずチャンスが来ます。店舗運営では、天候だけでなく、いろいろな条件や環境を、常にウオッチしています。

苦しいときは耐えて準備をしておいて、チャンスが来たとき、どれだけ取りに行けるか、勝負するのです。

ビジネス人生で30歳代が肝

苦しいことを乗り越えれば上が見えてくる

もし今、30歳代の方で、苦しい局面に立たされている方がいらしたら、「おめでとうございます」と申し上げたいです。

昔から「若い時の苦労は買ってでもせよ」という言葉があります。当たり前ですが、役職が上がれば上がるほど、苦しいことを乗り越えて、メンタルが強くなっていかないと上にはいけません。苦しい局面を乗り越えたら、次のポジションが待っているのです。近くまで来ています。

私は仕事上、弊社の社員もそうですが、お取引先、金融関係の方々とお目にかかることが多く、役職が上の方々の話を聞く機会も頻繁にあります。総じていえることは、成功者、もしくはそれなりの上席になっている方々は、30歳代に並々ならぬつらい経験、もしくは努力をされていらっしゃいます。

とはいっても、苦しいことに直面しているときは、本当に苦しいわけで、とりわけ人間関係の場合、その相手の方に感謝すると自然と氷が溶けるように解決すると、体験から分かりました。自分のスキル不足の場合は、これも昔からいわれているように「石の上にも三年」努力する。その他のこともだいたい3年ぐらいすると乗り越えられると思います。逃げないことです。

私も65歳になるまで、雑学も含めて多くのことを学びましたが、バイオリズムや統計学など多くの人の人生を考察する学問によると、おおよそ3年ぐらいたつと、人を取り巻く環境、状況の流れは変わってくるそうです。

先日、江口克彦氏（松下幸之助翁の伝道者）の勉強会で伺ったのですが、30歳代のときに松下幸之助翁から「30代は苦労せなあかんな」と言われたそうです。そして、40歳代はインプットとアウトプット、50歳代はアウトプットのみ、60歳代は「人徳を学べ」と言われたそうです。つまるところ、人はいくつになっても勉強と努力なのです。

人は、困難を乗り越えたら、また次の修行が待っています。ただ、私の年になると、困難も違う見え方になってきています。若い頃と違うのは、困難を乗り越える修行も、楽しくできるようになってくるのです。また修行が始まったか、というイメージです。大丈夫です。乗り越えられない試練は与えられないので、頑張りましょう。

鬱状態になったら、どうするのか？

自然の力に助けてもらう

行き詰まったり、苦しいことが続いたりすると、さすがに壊れそうになることもあります。多くの現代人は、精神科に行くと間違いなく病名が付いてしまうのではないでしょうか。私も、壊れそうになったことが何回もあります。病院には行きませんでした。

上場廃止をして、2年目の会社の数字も良い状態になってきたとき、そろそろ私の役目は終わってもいいのかなと思い退社を考えていました。抵抗勢力の方々とこれ以上ぶつかるのはよくないと思ったからです。銀行様の方から、あなたは公人だ、と言われたのは、このようなことを考えていたときでした。この言葉を聞いた私は、もう弊社を辞めることはできませんでした。

この頃が、私が本当にひどく壊れかけていた時期です。眠れない、食べられない、体は痩せていくという日々が続きました。子どもたちは心配してくれて、がん検診を受けることになりました。検診結果が出るまでの1時間の間に、どうせ死ぬのなら動ける間にスイスに行きたいと思い、スイスに行く決心をしました。数億年前からあるという氷河の山々を見ながら、トレッキングをするという旅行でした。

自然のパワーはすごいです。これが大正解で、心の安定を取り戻すことができました。

自然の波の音や、川のせせらぎの音、病院に行く前に行ってみてください。砂浜を歩くこともよいでしょう。裸足で土と触れ合うこともよいと思います。自然の中には、心を修復してくれる素晴らしいパワーがあると感じます。

心が疲れたら、鹿児島の屋久島に行ってみてください。白谷雲水峡《しらたにうんすいきょう》（映画『もののけ姫』のモデルになったとされる場所）がおすすめです。屋久島北東部を流れる白谷川の上流にある渓谷で、幻想的な森の中を散策できます。

私の日常の心と身体のメンテナンス方法をお伝えします。

雨が降っていなければ、ほぼ毎朝、自宅の屋上から、大空と太陽に向かい深呼吸します。皆の幸せを願います。夜は、月と星に感謝する日々を過ごしています。他には、

一、お風呂に自然塩をひと握り入れる入浴をします。汗をかく

二、お風呂に入ったとき、「生きていることに感謝します」「ありがとうございます」と言う
三、ニンジン＋リンゴジュースを自分で作って飲む（冷凍しています）
四、生姜をたっぷり入れた紅茶を飲む

これをほぼ毎日続けています。
身体がきちんと整ってくれれば、多少のことは乗り越えられます。

苦しくて苦しくて、どうしようもなくなったら

八十八カ所巡り

不思議と、苦しかった息が楽に

2013年に上場廃止をして、1年が過ぎようとしていた8月、毎年お盆のときに、自宅にご先祖供養のために来てくださる女性の僧侶様がいらっしゃいます。その方から、照美さんは人の念を受け過ぎだと言われました。

確かに、MBOをして1年、人生でこんな苦しい思いをしたことはなく（その2年後、さらに苦しいときがありましたが）、毎日の数字を見てはお金を返済できるか一喜一憂する日々でした。1年間の成績が出るのがあと1カ月後という時には、息ができなくなる瞬間が何度も迫ってくる。そんな日々を過ごしていました。お坊様は、私のそのような状態を見抜いていたのでしょう。

四国八十八カ所巡りを勧められ、一緒に行ってくださることになりました。秋と春に5日ずつかけて、一緒にクルマで回りました。一つ一つのお寺に写経を納め、納経帳に御朱印をいただきました。各寺院のご本尊が描かれた御影札を2枚ずついただいて帰り、これで屏風を作りました。

八十八カ所巡りをした頃のことをこうして思い出すと、当時、あまりにもいろいろなことが重なっていました。

プライベートでは、2013年8月長女の初孫出産、同年に次女の結納、翌年3月次女の結婚、母の入退院。

会社では、2013年3月から8月の6カ月間、別業態のスーパー「オンリーワン」（高品質でオーガニックを目指している店舗）の立て直しをしました。この店は、出店から約10年、毎年5000万円から1億円の赤字を出し続け、秋には閉店することになっていたのですが、6カ月で黒字にすると社内で約束をし、5カ月で黒字にしました。私のことをよく知ってくれている方は、一生に1回しか起こらないようなことがこんなに重なり、よく頑張った、と言ってくださいます。

ここまで追い詰められると、自分では体は大丈夫のつもりでも、おかしくなると思いました。


不思議です。

八十八カ所巡りをして最後、高野山にお参りするときには、苦しかった息も、楽になっていました。このときの八十八カ所の納経帳は、母を天国に見送るとき、杖、白い法被と一緒に棺《ひつぎ》の中に納めてお別れをしました。

心を立て直す、最善策

知覧特攻平和会館に行く

心が壊れて、死にたいぐらい苦しいことがあったら、鹿児島にある「知覧特攻平和会館」に、ぜひ行ってみてください。

第二次世界大戦の沖縄戦において、爆弾を積んだ戦闘機で敵艦に体当たり攻撃し、戦死した特攻隊員の遺品や資料を展示した場所です。こんな悲劇を繰り返さないため、生命の尊厳と世界平和を守り続けていくことを祈念して建設されています。

ここは20歳前後の若者たちが、国の平和と繁栄を思い、出撃した魂がこもった場所です。一つ一つの残された遺書や手紙を、読んでみてください。自分の甘さに気がつきます。

ここを訪れると、生きていることへの感謝しかなくなります。石原慎太郎氏も、映画『俺は、君のためにこそ死ににいく』（東映）の制作のために何回も訪れたそうです。生きる心のエネルギーをもらえる場所です。

失敗をスキルに変える方法

久しぶりに大変な失敗をやってしまいました。

何をやったかと申しますと、私たちにとって超恩人である方の、1カ月遅れの誕生日祝いにと、その方をお誘いしたときの話です。

あろうことか、本当は67歳でいらっしゃるのに、「77歳おめでとうございます」と言ってしまったのです。もちろん、67歳であることは分かっていました。それにもかかわらずドジをしてしまいました。

お相手は固まってしまいました。私もそれ以上に真っ青です。言い訳は、あまりにも立派な方でいらっしゃるので「私と誕生日がたった1年9カ月しか違わないなんて、頭が追い付いていっておりませんでした」とは言えず、一瞬空気までもが凍ってしまいました。反省、反省でした。しかしながらこの失敗は後日、私にとって、使えるスキルに変わったのです。

これを逆に使う発想で、特に初対面の方に、実年齢の印象より10歳くらい若く言ってご年齢を聞くのです。するとこれだけで、お相手に好印象と、親しくなるチャンスをもらえます。相手が高年齢になればなるほど効果的なスキルになりました。ただ、若い人にはこれは効きませんでした。39歳の娘の誕生日に、29歳おめでとうとメールをいたしましたところ、「お母さん大丈夫?」と返ってきました。

私は失敗しても、それを常に自分のスキルとして取り入れて生きています。すべてが学びです。

第5章

運を味方にする

運は人が運んでくる

縁をつくってチャンスを広げる

仕事をする上で「運」を味方にできることほど、最強なことはありません。
特に経営者にとって、運がいいといえるようなチャンスに巡り合うことはとても重要です。チャンスをつかむ方法はさまざまあると思いますが、非常に大事なのは、人とのご縁を大切にすることでしょう。「運は人の縁によって運ばれてくる」。これは、私の最も尊敬する方から学ばせていただいた言葉です。

素敵な人々と縁をつなぐためには、人に興味に持ってもらえるような人間力、あるいは自分が発散するエネルギーのようなものを高めておくことだと思っています。良い影響を与えてくださる、経営者や社会に貢献されている方たちと縁をつなぐためには、自分自身も同じくらいに魅力を高めなければなりません。一流の方々と共鳴できる自分になるためには、努力が必要です。

そのためにはやはり、自分に降りかかってきた苦難、困難を一つ一つ乗り越えて、積み重ねていくしかないと思っています。さらに、美しい前向きな心を持つ。笑顔と感謝の心を持つ。私もまだまだですが、そう思って精進しています。

ご縁をつくる方法

出会ったら礼状やメールで感謝を伝える

どんな人も、いろいろな方との出会いはあります。ですが、それが縁になるかどうかが重要です。

チャンス（運）は人が運んできてくれます。「清川さんは、なぜいろいろな方と食事をしたり会えたりするの？」とよく聞かれます。尊敬するある方から「本当に運のいい人っていうのは、はしごを架けて自ら取りに行く人だ」と教わりました。そこで私は、縁をつくりたい方に出会ったときは、まずお礼状や、メールで感謝のメッセージを伝えます。気がつけば、縁は広がっていきます。

もちろん、こちらが望んでも、相手にしてもらえないこともあります。そのときは、まだ自分のレベルが低いのだと思い、相手にしてもらえるよう自分磨きを頑張ります。

何かのお誘いを受けたときは、基本的に即断即決でお受けします。

以前に東京で開かれる会食に「お席が1つ空いたのでいらっしゃいませんか」と

声を掛けていただいたときも、次の日でしたが「分かりました。参ります」と即答して、すぐに飛行機の手配をいたしました。後に防衛大臣となられた方が同席の10人ほどのお誘いでした。

ハワイで開催されるホノルルマラソン（10キロ）に誘われたときも、これまで私はそんな長い距離を走ったことがなかったのですが、すぐに参加を決めました。誘った方が「この人ならできる」と思うから声を掛けてくれるのだと私は理解したのです。そうでなければ声を掛けないでしょう、と。

お誘いに応えることは、人との縁を深めるきっかけになります。お誘いには「行ってよかった」といつも思います。

自己愛で運は上がる

自分のことが好きになれると、出会う人も
素敵な方々とご縁が広がります

昔、ある方から「自分を好きでいてあげないと、誰からも好きでいてもらえないよ」と言われたことがありました。その話を聞いてからしばらくは「えっ？　それってナルシストの勝手な理論？」「わがままでいいということ？」と思っていました。

ですが、後から気がつきました。自分を好きでいてあげるためには、努力をしないとダメなんです。努力して自分を大切にできる人は、人からも大切にされ、愛される、ということなんだと分かりました。それに、自分を愛すると、他の人も愛せるようになります。

結果、良い人間関係が生まれ、素敵な方々との縁が広がります。縁が広がれば、チャンスも広がる。つまり運が良くなるのです。

時代の流れを読む

決め手となる情報に行動を合致させる

流れを読む。第1章で述べましたが、私は、10年前に稲盛和夫氏の著書で2025年に日本経済は底に来ることを知り、事業計画を立ててきました。

日頃は、日本経済新聞の記事はもちろんですが、どのような本が出版されているのか？　どのような映画がはやっているのか？　好き嫌いは別で一応は見ます。さらに、友人を含め、いろいろな方々とご縁ができる中で、生の声の情報も取ります。

情報はさまざまにありますが、最後は自分のインスピレーションを信じ、重視する情報を決め、それに合致する行動を取るのです。

自分なりのパワースポットをつくる

特に、トイレをきれいにする

ある場所に行ったり、そこにあるものに触れたりすると運が高まるという「パワースポット」が最近では人気です。パワースポットを巡る旅などもはやっています。ですが、まず自分がいる場所をパワースポットにすることをお勧めします。

そのためには、前述してきたように、基本は自宅やオフィス、店舗、工場などを徹底して掃除することで、そこがパワースポットになると考えています。特に水回りであるトイレをきれいにすることです。

先日、ある講演会で、「トイレ掃除なんて関係ない。どうでもよい」と言う方がいらっしゃいました。仕事をしないでトイレ掃除ばかりする方はいらっしゃらないと思います。掃除をするとよいのは、見た目だけでなくそこの空気が浄化され、きれいな空気が流れるようになることだと考えています。それと同時に感性も鋭くなるように感じています。感性が良くなると、いろいろなことに敏感に気づけるようになります。

掃除が出来たら、オフィスなどで心地よい音楽や、海の波の音、川のせせらぎの音などを流すのもいいと思います。〝盛り塩〟をするのもお勧めです。観葉植物も置きましょう。

ある超一流ホテルでは、客室の入り口に観葉植物のサンスベリアが置かれ、サウナブースには大きな水晶の原石が置かれています。このホテルは、お客様の運を上げるような気遣いをしているのかな、さすがだと思って見ています。

ちなみに私は、出会った人からネガティブな雰囲気を感じたときは、塩を入れたお風呂にゆっくり入ります。

断捨離をする

過去に執着する者は未来をなくす

「断捨離」も、最近よく目にし、耳にする言葉です。

断捨離は、不要な物を処分して、物にとらわれていた状態から抜け出すという意味で使われているようです。

断捨離と聞くと、「それをするのはいいことだと分かっているけど、なかなか片付けられないし、捨てられない」と、多くの方々が実行できないままになっているのではないかと思います。

先日、元大臣の奥様が他界されました。そのお別れの会でお嬢さんが書かれた追悼文の中に、「母は『過去に執着するものは、未来をなくす』。この言葉を大切にしていた」という一文がありました。この言葉を聞くと、なるほど、と思います。

2008年くらいのことだったと思いますが、弊社では当時、前社長が「部下から情報が上がってこない」と嘆いていた時期がありました。この時の本部の社長室は、ほこり高き部屋で、誰も片付けに入る人もなく、ただただ書類を積み上げてありました。先代からの物もありましたが、私が経営に携わるようになって、私はここをきれいさっぱり片付けました。
すると、不思議と社内の風通しが良くなってきたのです。
社内の情報もどんどん上がってくるようになりました。

やはり何をするにも
掃除
整理
整頓

何をするにも掃除が基本です。

断捨離ができないままになっている方も多くいらっしゃいますが、コロナ禍の中では、おうち時間が増えたためか、家の大掃除や整理整頓をしたという話を聞くことも多くなりました。とてもよいことだと思います。

家については「家相」や「風水」に興味を持ったり、気に掛けたりしている方も多いと思います。すがすがしいきれいなところに身を置くと、頭もすっきりしてきます。すっきりした頭でないと何が正しいのか、どうすればよいのか判断なんてできません。

私は起床したら、床のモップ掛け、窓や鏡の拭き掃除、トイレと洗面台の掃除などをルーチンとしています。

会社を立て直すときにも、私はトイレ掃除から始めたというのも前書の通りです。当時は、そんなことをしても無駄だと否定する人もいました。ですが、弊社はトイレ掃除から始めて経営再建できたという実績があるのです。

トイレ掃除をすることによって、細かいことに気づけるようになります。感性が鋭くなるのです。トイレをきれいにすることによって、空気の流れも変わります。よどんでいたものが流れ出します。トイレ掃除で得られるすがすがしい感覚は、飲食店の前に塩を盛ったり、炭を置いたりしているのと同じような感覚です。身をもってやってきたことですから、真実です。

書類整理と同じですが、ずっと気になっていながら、手を着けられなかったのが写真の整理です。

写真を見始めると、つい見入ってしまうんですよね。どこかでやらないと一生できないと思って、自分なりのルールを決めました。

1日に1枚捨てること。よく見ると、自分や家族がきれいに写っていないものもあって、意外と捨ててもいい写真があるんです。そうした写真から捨て始め、1年以上続けています。死ぬときまでに100枚までに絞り込めたらいいという気持ちです。

書類の整理にもコツがあります。

私は若い頃、国会議員の秘書をしていたことがあります。多くを学ばせていただきましたが、その先生は、特別に写真整理と書類整理が見事でした。基本は、すぐやる、必要ないものは捨てる。そしてコツは、まず、書類の種類を大きく分類して、そこから細かい確認をして不要な書類を処分していくのです。分類がされていれば、必要か不要かの判断が素早くできるわけです。

経営者は日々、膨大な資料に目を通さなくてはなりません。私も先生のやり方を応用して、まず手元に来た時点でざっと目を通し、読み返す必要があるものだけを種類別に分類してファイリング、または袋に入れます。そして、5分でも10分でも隙間時間ができたときに読み直します。

枚数が多い資料は、重要なところを抜き出したり、要約したりしたものを保存しておきます。不要になった資料はシュレッダーに掛けて廃棄し、どんどん減らしていきます。必要なもの、役に立つものだけが残っていきます。

ファイリングした書類は1年ごとにまとめておき、3年、5年たったら、再び内容を確認して大事なところだけを残しておきます。

仕事以外の好きなことにこだわる

徹底すれば勘が鋭くなる

女性の方の多くは、おしゃれが好きだと思いますが、私は〝異常〟に好きだと思っています。

社長にも、私が会社に着て行く服に文句を言うのなら、明日から仕事はしませんと言っています。一応ＴＰＯはわきまえていると思っていますので、ビジネスシーンに合わない格好はしていないつもりです。

ファッションには常にアンテナを張っていますし、時代が発信する色にとても敏感です。何が言いたいかといえば、好きなことには感性が鋭くなる、好きなことに没頭すれば、勘も鍛えられる、ということです。

私の実家がブティックだったこともあり、時間があれば、生地から洋服のデザインを考え、仕立てることもあります。先日もタイに行った時、大きなスーツケースいっぱいのシルクを買ってきました。お店の方はプロだと思っていたと思います。

服もそうですが、母が残した多くの指輪をどのようにリメイクするか考えるのが大好きです。私の携帯電話の中には、宝飾のデザインがいっぱい入っています。

美容院に行けばファッション誌を片っ端から見ますし、出張先ではウインドーシヨッピングもします。好きなことをしていると、生きていて本当に楽しいと思います。

仕事以外に、好きなことに徹底してこだわってみてください。このことで感性は確実に磨かれ、結果、仕事に役立ってくると思います。

仕事以外に好きなことがない、という方には、美術館に行ってみることも一つのきっかけになるかもしれません。アートなどよく分からないと言われる方もいらっしゃいますが、好きか嫌いかで見てよいと思っています。

子どもたちが小さい頃、美術館に行ったときによく言っていたのが、子どもたちに「美術館の絵（作品）を1枚もらえるとしたら、どれが欲しい？」でした。これだけでも好き嫌いの基準や作品を見る目が養われてきます。感性も訓練で高められると思っています。

旅行で勘を取り戻す

いつもと環境の違う場所に身を置く

動物的な勘を研ぎ澄ますのに、おすすめなのは、海外旅行です。

2022年はコロナ禍の中でも、英国、タイ、シンガポールに行っています。英語が話せない私は、体全身で相手の話を受け止めるようにすると、なぜか相手の話していることが、たぶんこんなことだろうと理解して、実際、あまり間違っていないようです。

昔、2人の娘たちと一緒に海外旅行に行った時のことです。1人は日常英会話を話しますし、もう1人は、ボキャブラリーが豊富で、書いてある文字を読めばある程度は理解しています。ところが、いざトラブルになると、英語ができない私が、一番問題解決力があるのです。最後は「Is there anyone who speak Japanese?」と言って人を呼ぶか日本語を話せる人と電話で話し、無事にトラブルは解決します。

違う国や、日頃とは環境の違う場所は、勘を磨くのにはとてもよいです。勘を磨くことにより、チャンスが来ていることも分かるようになります。

国内旅行もさまざまな場所に行きます。2022年は、富士山に登りました。初めての富士登山にもかかわらず、ご来光を見ることができ、同行者に「あなたは運がいいね」と言われました。大変な思いをして登り切った達成感は格別ですが、さらに富士登山の良さは、下りた後も楽しめることだと気づきました。新幹線や飛行機で移動したときに富士山を見るたびに「あそこまで登ったんだな」と思えます。写真を見ただけでも、登ったときの気持ちがよみがえります。何度でもあの感動が味わえるのです。やっぱり富士山っていいなと、つくづく思います。

旅先というのは、いろいろなハプニングがあるものですが、私は旅先で困った経験がありません。タクシーに乗っても、おおむね親切な運転手さんに当たります。「乗ると幸せになれる」と言われる京都の四葉タクシーも、京都に行くたびにほとんど乗れます。不思議です。

埼玉県秩父市にある有名なパワースポット、三峯《みつみね》神社の奥宮に向かったときは、自分が試される体験をしました。「行けば人生が変わる」と聞いて、興味を持ったのです。奥宮が標高1300メートル以上もある険しい山中とは知らず、行けばなんとかなると、普通の服装で行ってしまいました。

いざ、歩いてみると思いもよらないハードな道のりです。途中で雨が降ってきたり、道を間違えたりしました。だんだん暗くなってきて、霧も出てきて、引き返そうか迷ったのですが、せっかく来たんだからと奥宮まで足を運びました。帰りは転ばないように足元に気をつけ、かなり時間がかかってしまったものの、なんとか無事に下山しました。

案内所はもう閉まっていて、西武秩父駅への最終バスも出てしまったときのことです。駐車場を閉めるためにやってきた係の人に聞いて、ようやくタクシーを呼ぶことができたのですが、1時間待ちをしなければならないとのこと。

仕方がなく一人ぽつんとバス停で待っていると、クルマに乗ったご夫婦が「どちらまで行かれますか。送っていきます」と声を掛けてくださったのです。タクシーを呼んだ後でしたので、ご遠慮させていただきましたが、その時、こう思いました。

そうか、ここで私はやっと合格できた、1つクリアしたんだな、と。険しい道をずぶ濡れになって歩き、戻ってきた時に、ようやく手助けがあった。行けばなんとかなるという甘い考えでは、目標に到達できませんよ、という、私への啓示だったのかな、という学びがあったのです。

断食もおすすめ

頭も体もスッキリする

経営をするとき、ロジカルシンキングをすることは当然なのですが、そこまでは、誰でもできることです。経営者は、問題を解決しようと取り組む最初の段階でも最後に決断するときも、結局は勘を働かせないとダメだと思っています。

私の場合、勘を研ぎ澄ますのに効果があると感じているのが断食です。行けない年もありますが、年に1、2回、静岡県伊東市にある「ヒポクラティック・サナトリウム」という所でニンジンジュースだけで何日かを過ごす断食をしています。本当は1週間ぐらい続けるのがよいのでしょうが、私は3泊4日ぐらいのお気軽で、ほとんどストレスなしの断食をします。

この施設では、ニンジンリンゴジュース断食、玄米食で過ごすプログラムがあります。

これを終えると毎回、不思議と直感力が研ぎ澄まされます。聞こえるはずのないものから声が聞こえる、そんな感覚になります。具体的には、目の前の食べ物を食べる時に、これが身体に良いものなのか、悪いものなのか、添加物がたくさん入っているのかが分かります。頭も体もスッキリしていますので、楽しいアイデアもたくさん浮かびます。
ただ残念ながら、普通の食事に戻ると、感覚も少しずつ元に戻ってしまいます。
ここも20年近く通っています。

第6章

人生とはなんなのか？

最高の生き方は

「敬天愛人」

一日一生

私は、経営に携わるようになってから、多くの経験をさせてもらい、その中で、人の最高の生き方とは「敬天愛人」であるという考えにたどり着きました。これは西郷隆盛の座右の銘です。自然を敬い、自分のことを愛するように人を愛す、という人間の在り方を言葉にしたものです。

自然を敬い、自分のことを愛するように人も愛すためには、起こっていることに感謝し、乗り越えていくことで心を磨き、自分のことを愛せるように成長するしかないのだと思います。

さらにその過程で、人として生まれてきた楽しみを見いだす。私のような凡人は、この世のことしか記憶にありませんから、今、この時がすべてだと思って、一生懸命に生きることが人生だと思います。生きていることに生かされていることに感謝です。

一日一生。

人には
前世が
あるのかもしれない

私共に待望の息子が生まれたときのことです。たくさんの人から、弊社の後継ぎが生まれた、と祝福を受ける中、彼の右手の指から肩にかけて大きな龍のような赤あざがあったのです。幼稚園、小学校とずっと、彼からこのあざは何と聞かれたら、「神様が社長になる印を付けてくれたのよ」と言って育ててきました。

本人もそう思っていたようです。

その後、彼が中学、高校と進む中、自分の生まれた境遇にも、私共親にも、世の中にも不満があり、常に反抗期でした。

ヤンチャでどうしようか悩み、どうしようもできないと嘆いていたとき、たまたまテレビ番組の「奇跡体験!アンビリバボー」(フジテレビ)で、前世療法と呼ばれる、生まれる前の記憶を催眠で引き出すことで、悩みなどを取り除くといわれている療法があるのを知りました。そこで、その番組に出ていた先生に彼の前世を見てもらうことにしました。

驚くことに、どうやら前世はあるらしいのです。彼は前世でのやり残したことを知ることができ、おかげさまで息子の反抗期も終わりました。

人生とは魂の修行

無償の愛を学ぶために生かされている

人生について、多くの哲学者が考え、悩み、人生とはなんなのかという考えが多くの本に残されています。シンプルには、生まれて死ぬまでの時間ですが、そこには魂の絶え間ない修行があると思います。多くの困難が過ぎれば、またやってくるのです。

どんなに幸せそうに見える人でも、人間である以上、なんの苦労もなく、人生が終わる人なんていないでしょう。直前の項で触れましたが、人はこの世に生まれる前にも、前世があって、この世の自分は転生してきた者という考え方があります。もし前世があるとしても、私には前世の記憶はありませんが。

とはいえ人は、前世において来世に生まれたら、次はどうなるのかと思いながら他界しているのでしょう。この世の中に生まれた以上、引き続き魂を磨いていくことが人生なのだと思います。魂をピカピカに磨くことができたら、良い人生だったと言えるのではないでしょうか。多くの困難は乗り越えることで魂を磨いていくためのものなのですから、大いなるものは、乗り越えられない試練は与えないと思っています。

人は何のために生まれてくるのか、生きるってどういうことなのか、分からなかった時期もありました。今は、人は魂の修行のために生まれ、転生して、いろいろな経験をして魂を磨いていくんだ、ということが分かるようになりました。

さらに、魂を磨いてどうなるのかということを考えたとき、私は、最終的に無償の愛を学び、会得するということなのではないかと思っています。

ご縁のあった方々とは、自分の子どものように、兄弟のように、親のように接することができるようになることが理想だと思っていますし、そのようにできるよう努力しています。深い海のような心を持てれば最高です。

弊社内では、学ぼうとする意欲のある部下には自分の知っているすべてを注ぎ込んでいます。プライベートでは、私は3人の子どもを育てることに恵まれ、もはや無償の愛を本能的に会得していると思っていましたが、これもまだまだ修行中です。

多くの人の心が美しければ戦争などがあるわけもありません。世界が平和で幸せになれる時代が来ることを望みます。

死ぬときは
何も持っていけない

今をどう生きるのか

つらい苦しい時を過ごした頃から、自分の死について考えるようになりました。死を考えることは、生を考えることです。今をどう生きるのか。

当たり前ですが、死ぬときは何も持っていけません。であれば、せめて、生きている間、人様のお役に立てればと思うようになったのです。このことに気づけて、日々がますます充実してきました。私は今、毎日が幸せです。

生きていれば、いろいろなことがあって当たり前です。困難を乗り越え、魂が磨かれ、ますます人様のお役に立つことができる。これで幸せになれるのです。今が幸せだと思えない人が天国に行けるはずはないと思うようにもなりました。

過去は変えられる

人生に起こってくる苦しみを
楽しいゲームに変えていく

今、苦しい場面に直面していると、なぜ自分だけがこんな思いをしなければならないのかと思い悩むでしょう。過去にそのような状況があって、今でもその時を振り返って思い悩むこともあるかもしれません。しかし、乗り越えられます。

さなぎが蝶《ちょう》になるときは、苦しいでしょう、立派な蝶になるために頑張りましょう。きっと皆さんも、未来の自分が、あの時頑張ったから今があるのだと思える日が来ます。大丈夫、自分を信じること。乗り越えると、過去が感謝できるものになり、美しい思い出となります。過去は変えられるのです。

私の場合、今は「まあ、これまで以上の苦しみはないだろう」と思いながら生きていますが、私もまだなのでしょう。最近では、たまに悩まされる事態が起こると久しぶりの試験が来たと思い、ゲームをしている気持ちで向き合っています。

人生を長く生きていらっしゃる方から言われました。「人生で最大の苦しみは、子どもを亡くした母親の気持ちだそうです。これ以上つらいことはない」と。確かに子どもの死には一生遭いたくありません。私に起こってきていることなんて、大したことではないのです。今起こっていることに感謝して生きています。

ポジティブで幸せな1年は元日にあり

子どもの頃の話です。

両親から、元日はバタバタ動くものではない、大みそかまでに家をきれいにし、おせち料理を作り、元日は、神社への初詣とお墓参りに行ってゆっくりと新年を過ごすこと、と教えられてきました。

近年の私は、大みそかから元日にかけて目まぐるしく動きます。家はしっかりお正月の準備をし、さらに、弊社は元日のみが正月休みなので、31日の夕方から元日に思い切った行動をします。

2023年の正月は、国宝の五城巡りの計画を立てました。国宝となっている五城とは、姫路城（兵庫県）、彦根城（滋賀県）、松本城（長野県）、松江城（島根県）、犬山城（愛知県）です。元日に訪れることができたのは二城でしたが、その年のうちに五城すべてを回りました。

2022年は、京都に除夜の鐘を打ちに行き、その前の年は自宅から歩いて6時間くらいの場所にあるお墓参りに行き、その前の年はオーストリア・ウィーンのニューイヤーコンサートに一人弾丸旅行を敢行しました。

元日は、動けるだけ動いてみてください。

勢いがついて、かなり充実した幸せな1年になります。

第7章

日本はこのままで
よいのでしょうか？

日本はこのままで
よいのでしょうか？

私は、今の日本にとても危機感を持っています。

大学院での学びの中で、海外フィールドという授業がありました。多くの途上国を見たり学んだりしました。この授業を受けていて、日本はこれでよいのだろうかと思う気持ちが高まってまいりました。途上国といわれている国々も日々どんどん発展していく中、ほとんどの日本人は20年、30年前の栄光の中の日本だと勘違いしていることに気づきました。

2022年の5月、ちょうど1年ほど前に英国に行きましたが、その頃は、日本はコロナ禍の真っ最中で、テレビでは毎日感染者数が○○人と報道され、マスクはマストという状況でした。

英国の空港に着くやいなやマスクをしている人がいると思うと、それは日本人のみです。日本人はすぐにマスクを外しました。もちろん私も外しましたが、こうも国が変わると違うのかと思いました。英国の方から言われました。「えっ、まだ日本はそんなことをしているの？　インフルエンザでしょう?」と。

国の勢いはその国の空港を見れば分かると言われますが、その頃、日本の空港のお店はほとんど閉まり、残念な状態でした。英国は以前と変わっていなかったのです。その後、シンガポール、タイと行きましたが、国での対応の違いを感じました。今は、日本の空港も以前のように活気を取り戻していますが、この時は、日本経済はこれで大丈夫なのだろうかと心から心配になりました。

日本は資源国でもなく、食べ物の多くの原料が輸入です。あまりにも海外に頼りすぎているのではないかという危機感があります。

人口減により、日本が高度経済成長していた時期と比べ、日本人の勤労に対する前向きな意識が変わってきているように思います。日本人が最も得意とした勉学に励む努力をするというところも違ってきているように感じます。本当にこれでよいのでしょうか。

客観的に見て、日本人は真面目で優しく親切です。日本は農耕民族であり、島国ということもあり、地域の中で和をもって生きるというベースがあると思います。〝空気〟を読んで、関わる人一人一人を大切に思い生きる素晴らしい民族だと思っ

ています。

近年、日本でも格差社会が広がっているといわれながらも、海外の国々と比べれば日本の格差は比べものにならないくらいかわいいものです。

今日、世界の狩猟民族の性格を残している人たちと生き、周りは海だからといって守られているというわけではないという認識で生きていく必要があると思います。そうしなければ世界の中で生き残っていけないと思っています。

中小企業の皆様

目覚めましょう

日本の9割が中小企業です。そしてそのほとんどが経営が厳しい状態にあるのではないでしょうか。後継者問題やウィズ・コロナへの対応などいろいろな問題があると思います。

コロナ対応もそうですが、日本では、国がなんとかしてくれるとか、国が悪いなどと、言っている場合ではないと思います。困った人がいれば、行政から補助金を出すべきだといった発想は、もはや古い考え方なのではないでしょうか。すでに日本は借金大国になってしまっているのです。

過去の発想や考え方をしていても、もうしょうがないのです。どうしていくべきなのか考えるべき時に来ていると思います。

自分の会社をどうしたいのか？　と問いたいです。経営をするのか、しないのか？　自分の人生をどう生きたいのか？

頑張ると意思決定したら覚悟して、とことん前向きにやり抜きませんか。経営者になった以上、日々が苦しいことは当たり前です。もし、それを苦痛と感じておられるなら、やめたほうがいいのかもしれません。

日本を世界を
助けられるのは
中小企業です

今日、日本は今日沈むか明日沈むかのギリギリの場面に来ていると思っています。

もしかしたら100年後は、国という概念がなくなっている時代が来るのかもしれません。私たちの先人たちが国を思い、後世の人々の幸せのために努力してくださったことを考えると、私たちも今だけを生きる大人ではダメだと思います。後世の日本人も、誇りをもって生きられる民族であってほしいと考えています。

一日一生とは申しましたが、一日一生に励むことは後世につながるはずです。私たち一人一人の力は小さいと思います。ですが、日本の中小企業の皆様が頑張れば、それが大きな力になって国を変えることもできると思います。本気を出せば、日本の経済は世界に負けないものになります。日本が経済で強くなれば、美しい心を持った日本人が、世界の平和の中心になることができると信じます。

これだけの文明の時代にも戦争が起こっています。戦争など起こってはならないし、すべきではないのです。そんなことはみんな分かっています。ただ残念なことに、力がないと世界の国々はその思いを聞き入れてくれません。日本の発言力を高めるためにも、強い経済力を持ち続ける必要があるのです。世界の平和、人類の平和をかなえられるのは日本が元気になることだと心から思っています。

1人でこれからのリーダーは
信長、秀吉、家康を
演じられれば最高

先日、久しぶりに映画を見に行ってきました。出張などの機会に隙間時間が出来ると、お茶を飲んだり書店に行ったりする感覚で映画館に行きます。もちろん、時間がなく半分も見られないときもあれば、面白くなくて途中で出ることもしばしばです。

最近見た映画は『レジェンド&バタフライ』(東映)です。織田信長を木村拓哉さんが演じていました。今まで見た信長の中では一番素敵でした。歴史時代劇を見るとき、私たち日本人にはしっかり日本人としての心が刻まれていることを感じます。

歴史上の人物でよく比べられる、織田信長(鳴かぬなら殺してしまえホトトギス)、豊臣秀吉(鳴かぬなら鳴かせてみようホトトギス)、徳川家康(鳴かぬなら鳴くまで待とうホトトギス)ですが、今の時代はその会社の時間軸の中で、1人のリーダーがこの3人をさまざまに演じていくべきなのかなと思う今日この頃です。

リーダーには、いろいろなリーダーがいます。どの人が正しいのかは、求められる時代でも違うでしょうし、業種でも違います。ただ結局は、ビジネスの世界では結果を出せることが正しいのだと思います。

なぜ戦後日本は奇跡的な成長をしたのか？

使命を持ったラストマンたちがいた

日本も第二次世界大戦で多くの方々が他界されていきました。その中で生き残った方々が使命に気づきリーダーとなり、その後の日本の復興に尽力されたと思っています。私たち日本人は、日本人としての使命に気づかなければならないのです。素晴らしい日本国民がこのことに気づいたとき、日本は再び元気になると信じます。

先日、『ザ・ラストマン』（角川書店）の著者、日立製作所名誉会長、川村隆氏とご縁をいただき、弊社でお話をしていただきました。著書には、ラストマンのことを「この工場が沈むときが来たら、君たちは先に船を降りろ。それを見届けてから、オレはこの窓を蹴破って飛び降りる。それがラストマンだ」と書かれています。日立の業績をV字回復させた川村氏は、ラストマンだったのです。

今の日本にも、日本のどの会社にも、必ず「ザ・ラストマン」の心を持った方がいらっしゃると思います。

一緒に生き抜きましょう。

第8章

私、清川照美

愛情たっぷりで
育てて
もらいました

別に大したこともなく、普通の子ども時代を過ごしました。ただ振り返れば、両親の愛情をたっぷり受けて育ててもらったんだなと感謝しています。

私は、鹿児島県川内市《せんだい》（現・薩摩川内市）で昭和33年3月4日に生まれました。きょうだいは弟が1人います。両親は地元と鹿児島市内でブティックを営んでいました。7階建てのビルを構え、オーダーメイドを中心に、既製服も扱っていました。両親ともおしゃれで、2人でドレスアップしてフランク・シナトラのコンサートに出掛けたり、おいしいごはんを食べに行ったり、海外旅行に行ったり、人生を楽しむタイプの人たちでした。父がカウンターキッチンに立って料理をすることもありましたし、交換留学生をホームステイさせていた時期もありました。当時としては、ハイカラな家庭だったと思います。

私は特別に何かに秀でているわけでもなく、お洋服屋さんの娘でしたので、かわいい服をたくさん作って着せてもらいました。母の洋服に対する哲学は、上品であることでしたので、かわいくて上品な服です。今でこそ、たくさんのかわいいデザインの服が売られていますが、当時は種類が豊富というわけではなかったように思います。清川は心が強いと言われますが、ベースに、この幼少時代の両親の愛情があるのだと思う昨今です。

ちょうど高度経済成長期で、世の中が豊かになっていく中、ブティックは最も早くその恩恵を受けた業種だったのだと思います。物心ついた頃にはクルマもありました。母は町の女性で一番にクルマの免許を取ったそうです。テレビもあり、ご近所の方々が見に来ていたのも幼い記憶にあります。今は他界した両親に感謝するのみです。

愛情たっぷりで育ててもらいました

小学生時代

小学生の頃も、あまり目立つ子でもなく、記憶に残っているのは、父がとても厳しく教育熱心な人だったことです。

周りを見ても、田舎の小学生でそんなことをしている子どもはいなかったのですが、私は小学校3年生ぐらいまで、毎日朝の本読み、ピアノ、英語、習字、踊りと家庭教師を付けて勉強させられました。ですが、本人の私は遊びたくて、これらはほとんど実を結びませんでした。父も、私に勉強させても無理だと思ったのでしょう。すべて弟にそのエネルギーは向けられ、おかげで私は伸び伸びとした普通の田舎の子どもになりました。

とはいえ、今こうして振り返ると、父の厳しさ、しつけ（挨拶）、物事を続けること（日記など）、今私が小さな習慣をたくさん持てていることは、父のおかげだと思っています。

厳しい父から
信用を学ぶ

父は、昔の人にしては背が高く、母と共にとてもおしゃれな人でした。世の中のおじさんたちがダークスーツに身を包む時代に、ベージュ上下のスーツを着こなしていました。

自分にも厳しく、自己管理（朝の体操、体重管理）をし、子どもたちにも厳しく、私が大学生になるまで、外泊はさせてもらえず、門限も6時という、今の時代では考えられない厳しい父でした。そんな中、商売するのは信用が大事と、それを築くのは大変だが、なくすときは1日でなくなるとよく言っていました。

母の言葉。

「仕送りの

お金は自分を

高めるために

使いなさい」

母を思うとき、この65歳という年齢になっても、日本でこんなにおしゃれで、こんなに良い素材の服をたくさん持っていた人はいないと思っています。実家の家屋はもう取り壊されてありませんが、3階建ての屋上には母のために父がプールを造ってあげていました。

母が言っていたことに、「喫茶店で300円のコーヒーを3回飲むより、1杯1000円のところへ行きなさい」という言葉がありました。この言葉には、1杯1000円のお店には、接客やインテリア、食器に学ぶことがたくさんあるという意味があったのでしょう。

大学生の頃の仕送りは、「預金はしなくていいの。自分を高めるために価値のあるお金の使い方をしなさい。美術館へ行ったり、良い本を買って読んだりしなさい」と言われていました。母が言いたかったことは、常に本物を見る目を養いなさいということでした。

高級ブランド店に行っても、お店の方は若い娘が買うはずはないと分かっていますから、相手にしてもらえるはずはありません。ブランド店に行っても、お店のほうから声を掛けてもらえるような人になりなさい、ということだったのです。

母は常にこうも言っていました。あるはずはないことなのですが、「明日、天皇陛下からのご招待が来てもすぐに出掛けられるように、持っている物の中で、心も含めて、きちんと整えておくように」と。

母からも最高に大切にかわいがられて育ちました。お母さんありがとう。幸せでした。

おしゃれな父と母

運の良い娘時代にするには

大学で学ぶため、鹿児島を出て東京に行く際、卒業したら帰って来ることが両親との約束でしたので、卒業して1年後には鹿児島に帰って来ました。

上京する日、私は、父に床の間に正座させられ、「日本で最高があるのも東京、日本で悪があるのも東京だ。これからは一緒にはいられないが、照美を信じている。良いことを学んでこい」と送り出されました。

結婚して母から聞かされたのが、「若い子は田舎に住んでいると、一度は都会に憧れる」ものであるということでした。私は鹿児島から出たくなかったのに、大学は東京の大学の英米文学科にしか行かせない、と東京に住まわせ、年頃になったら鹿児島に帰し、お見合いで結婚させる、これが母の作戦だったようです。一度は国会議員の秘書をしたものの、母から1年でよいのでお父さんに親孝行をしてから嫁に行きなさいと言われ、当時は「花嫁修行」があり、私はお茶とお花と料理学校へ行かされ、24歳で見合い結婚をしました。つまり、母の思うような結婚になったのです。

今思うと、母にうまく操縦されていたわけですが、幸せな娘時代を過ごせたと思っています。

私は運の良い娘時代を過ごしました。

なぜ運が良かったと思えるのか、大きく2つあります。

1つ目が、就職をお世話してくださった当時国会議員の秘書をしていた60歳ぐらいの方から、「僕はとても運のいい人間なんだよ。君に僕の運をお裾分けをしてあげる」と言われたことです。これだけで運が良くなると感じられる素敵な言葉です。当時こんな言葉があるのかと感動し、今では、一緒に仕事をする部下たちにもときどき使わせてもらっています。

2つ目が、年頃になり実家に帰って来た時、地元川内市の第1回ミスコンテストがあって、それが清川家への嫁入りにつながったという話です。ありがたいご縁だったと思っています。

実家はブティックを営んでいましたので、お得意様が出入りしています。なんとその中のお一人が、私を応募してくださったのです。その方は、私が小さい頃から膝に抱っこしてくれ、「照美ちゃん」「照美ちゃん」と、とても可愛がってくれた人でした。運よくミス川内になりました。赤いクルマを副賞でいただきました。

するど、結婚相手を探していた清川家のご親戚の目に留まり、その方の実家が私の実家と近かったこともあり、ご近所での評判も聞き、縁がつながっていったのです。ご近所の方々からは、「照美ちゃんはご挨拶がしっかりできる子」と評判だったそうです。私の中では、あくまでも自然体でした。これも両親のしつけのおかげだと感謝しています。挨拶は大切です。

人生で一番の幸せは

結婚して子どもたちに出会えたこと

私の娘時代には、24歳が結婚適齢期といわれていました。年頃の娘はクリスマスケーキにたとえられていて、24日までは価値があり、25日になると見向きもされなくなるといわれていた時代です。特に田舎のことです。私自身もそう思っていましたし、周りからはそう言われて育てられました。よって24歳の時にお見合いで結婚しました。このときのお見合いは、初めてお目にかかったのは主人ではなく、主人の父（創業者）でした。

清川家に嫁ぐと、義父から「あなたはタイヨーの嫁である」と言われたことは第1章でも触れました。この言葉には非常に驚きましたが、それだけの責任があるということだと後になって分かってきました。

さらに、「会社は生き物だ。今後、どういう時代が来るか分からない。あなたなら、仮に借金取りが来ても上手に対処することができるだろう」とも言われました。当時は、なんて失礼なことをおっしゃる方だろうと思っていました。しかし、私という人間をそこまで見抜いていたのでしょう。創業者というのは、そういうものなんだと60歳を過ぎて感服しています。

今思えば、本当に何も分からずに結婚しましたが、3人の子どもたちに恵まれて幸せです。もしかしたら、昔の人々って何も分からないで結婚し、何も分からないで多くの子どもを育んでいくという、人口減と言われる昨今では考えられない時代だったのでしょう。それでもそれが幸せだと思えた時代でした。

もし、お若い女性の方で結婚を考えている方がいらしたら、ぜひ子どもを産むことをお勧めします。子どもたちと出会えたのは最高にうれしいし、自分の人生に深みが増します。子どもたちのために頑張れるのです。

人生で一番の幸せは3人の子どもたちに出会えたことです。

私の宝物です。

若い頃の私

第一子を身ごもり 創業者から 言われたこと

結婚し、すぐに子どもを身ごもった時、義父に「三代目はバカしか生まれない」と言われ、若かった私からすれば、ずいぶんとショックでした。

今になれば、義父の気持ちもよく分かります。よくよく覚悟して育てなさいという言葉だったのだと思います。「照美さんはタイヨーの嫁である」と言われた言葉も今となっては光栄でありがたい言葉です。

このエネルギーのある言葉をいただいたおかげで上場廃止もし、息子も社長をやってくれるように育ちました。

人生に無駄はないと言われますが、本当にその通りです。

今は感謝のみです。

ほぼ母子家庭で
子育てを頑張った

今の時代では考えられないでしょう。私が子育てをしていた時代にも、ほぼ1人で子育てをした方は周りにはいらっしゃいませんでした。

第一子は女の子でしたが、生まれて8カ月になるまで家族3人で出掛けたことはありませんでした。主人は子どもたちが眠ってから帰って来て、起床前に出社していましたので、子どもとは月に数回しか会えませんでした。子どもたちは「今日は帰って来てね」「今度はいつ来てくれるの」と、不思議な会話をしていました。

マンションに住んでおりましたので、近所の方々からも、そのような暮らしぶりは不思議だという話を聞いていました。ずっとこのような状態でしたから、私はほぼ母子家庭で3人を育てたようなものです。

実際、私独りで子どもたちの習い事や塾の送り迎えなどをこなし、子どもたちが幼稚園、小学校に通っている時は、同じ1年間に3人いっしょにPTAの学年委員長、部長、理事をやっていました。おかげで、時間の使い方やスケジュール管理などをとても鍛えられました。そのことが今の仕事にも役に立っていると思います。

食事も1週間のメニューを作り、土曜日か日曜日にまとめ買いをし、月曜日の午前中に1週間分の下ごしらえをしていました。毎週お決まりで作っていたチーズケーキとマドレーヌを、子どもたちはパンだと思っていたようです。
この下ごしらえの習慣は今も続き、月曜日は7時半の出社前までにやっています。

成人式の私と母

子育ては

何があっても子どもを

信じることです

子育ての最中は悩んだり、子どもは子どもの人生なので好きにすればと投げ出したいときもありましたが、とにかく20歳までは、仕送りをしている大学卒業までは、親は子に対して理不尽でもいいと思い、親の価値観で育てました。

親は普通、子どもより先に死ぬのであり、自分たちでしっかり生きていけることが大切だと思い、どんな時代が来ても、前向きに一生懸命に生きてくれる子どもに育てたいと思い子育てをしました。

煙たがられたり、反抗されたりすることがあっても真っ向勝負です。そもそも、完璧じゃない母親が育てるのだから、完璧な子にはならないと割り切ってもいました。

2人の娘たちには、食事づくりについては特に意識して教えました。

人間にとって食べることは基本だから、「自分でごはんをちゃんと作れるようにならなければいけません、生きるための基本よ」と言って育てました。

インスタント食品を使わずに食事を作っていましたので、それもよかったと思います。例えば「ラーメンを作るのと同じ3分間で、これだけの料理が作れるのよ、こっちのほうがおいしいし体にもいいのよ」と。おかげで料理をおっくうがらず、時間がなくても冷蔵庫にあるものでささっとごはんを作れる子たちになってくれました。

掃除や片付けについても、口うるさく言ってきました。小学校の頃から、朝の掃除、食事の後の食器の片付けなどをさせてきました。

今では2人の女の子は嫁に行き、素敵なご主人と可愛い子どもたちに恵まれ、幸せそうです。

息子は、それはそれは子どもの頃は言うことを聞かない、常に反抗期でした。「クルマに乗りなさい」と言えば、クルマのボンネットの上に乗ったりするようなヤンチャな子どもでした。価値があっても盆栽のように小さくては意味がない、台風が来ても決して倒れない大木にと育てました。気づいたら刈り込めないくらい、大木に育ってしまいました。今では1000億円を売り上げる会社の社長をしてくれています。

最近は結婚しない若者や、子どもは欲しくないと思われる方々が多いのかもしれませんが、女性で子どもを育てられるのであれば、産むことをお勧めします。大変かもしれませんが、人生が独りで生きるより何倍も充実しています。

子どもによって、親にしてもらえます。子どもによって成長させてもらったと思っています。65歳になった今日、4人の孫たちに恵まれ、最高に幸せです。

私の夢

70歳になったら

パリに住みたい

先日机の引き出しを整理していたら、50歳の誕生日に書いたメモが出てきました。なんと、今の私の歳、65歳で老人施設に入ると書いていました。どうやらそのときは、70歳が健康年齢のリミットだと思っていたようです。

今の私は、2つの夢があります。実を言いますと、2年くらい前からキャンバス、油絵の具をたくさん買い込み、自宅で絵を描こうと思っていますが、仕事に追われて無理です。心に余裕がないと描けないと分かりました。

なので、70歳になったらパリに3年ぐらい住み、絵を描きたいと思っています。もちろんどうなるか分かりませんが。

私が生まれた昭和33年は、太平洋戦争が終わり十数年たち、人々がやっと豊かになるという時代でした。

実家のブティックは「パリモード」という名前で、デザイナーだった母は、パリのココ・シャネルに憧れ、上品なヨーロッパのファッションが大好きだったのです。田舎町のことで、宝塚歌劇団が何なのかよく分からない人々から、母は宝塚の出身の人だと噂されていたそうです。

今思えば私の娘時代、出掛ける時は母のほうが何倍もおしゃれで、私はもう一度やり直しをして出掛けていました。そんな影響もあり、初めての海外は19歳の時、母と一緒に行った、パリでした。到着が夜明けの時間で、夜明け前の紺色からオレンジ色に移りゆくコンコルド広場は、今でも脳裏に映し出されます。

その後、新婚旅行、時には年に2回ほど行った年もありました。娘たちがリッツ・エスコフィエ・パリ料理学校に通っていたこともあり、人生で一番多く行っている国です。

人生が終わりに近づくとき、一生懸命生きてきた自分にご褒美としてパリに住みたいのです。これを目標に、少しでも老化を遅らせるよう体調管理を頑張っています。

もう1つの夢は、頑張ってきてくれた社員のみなさんのために、社食を作りたいと思っています。コロナ禍以前には弊社にも社食がありました。ですが、残念ながらおいしい食事に出合えるという場所ではありませんでした。そのためか、実際ほとんど社員に利用されず、外食に出る人が多かったのです。「スターバックス」ならぬ「タイヨーバックス」ができればと思っています。

夢があれば、身体も頭も整えなければと常に思いますので、これも、アンチエイジングには非常によいと思っています。

若い頃の母。パリにて

私の人格形成になった2冊の本

私にはもう1つ、本当に運が良かったと思っていることがあります。

自分の人生で素敵な2冊の本に出合ったことです。その2冊を読んだ時期も、それぞれに私が多感な時期だった頃で、たぶん読んだ時期が違えば感じ方も違ってきたと思います。

今、私は人を喜ばせることが好きで、困難があっても決して諦めない、夢を持ち続けています。多感なときにこの2冊から学んだ考え方は、私の性格のベースになっていると思います。

その1冊目は、中3、高1くらいに読んだ『少女パレアナ』、パレアナシリーズの本です。両親を亡くし、叔母に引き取られた少女がどんな状況からでも「喜びを探し出す」ことで、すべての困難を喜びに変えていく。ポジティブシンキングの大切さが分かる本です。

弊社の経営陣に加わりMBOをして、多くの経験をし、なぜ私だけが、なぜこんな思いをしているのか、私は奥様になるために結婚したはずだったのにと思った時期もありました。ですが、生きている今に心から感謝できるようになったとき、すべては変わりました。パレアナの常にプラス思考、これを思い出したのも大きかったと思います。幸せはすぐ横にあったのです。

人はいつでも幸せになれるし、いつでも不幸になれる生き物であると思います。よって幸せとは、基準もないと思います。その人が幸せだと思えば、すべてがその時から幸せになる。人を羨ましがる必要もなければ卑下する必要もない。

私も65年の人生の中で、多くの人と出会ってきました。ある美しいご婦人は、一生遊んで暮らせるお金もあり大きな家に住み、子どもたちも立派に育ち、しかしながら自分は不幸だといつも嘆いている方がいらっしゃいました。はたから見れば、これ以上の幸せがあるのかしらと思う方でした。しかし本人にとっては幸せではない。日々愚痴と不満の中で生きていらっしゃる。私は今、心から最高に幸せです。

2冊目が大学1年生の頃に読んだ『マーフィーの法則』です。人の潜在意識に着目し、願望を意識し続けることが実現につながるという成功法則が書かれていました。これは、「願望が結果を引き寄せる」ことの大切さを知った本です。弊社の経営の現場でも、何度も願望が良い結果につながったことのベースになっているようにも思っています。仕事とは関係ありませんが、東京2020オリンピックの聖火ランナーを務めるという夢が実現したのも引き寄せができたのかもしれません。「引き寄せ」という言葉は今でこそ普通に世の中で使われている言葉ですが、私は50年ぐらい前に出合っています。

気づいてほしい。この私でさえ弊社を再生できたのですから。

日本を助けられるのは、国が元気になる＝中小企業が元気になることです。国の補助金、そんなものに期待したらダメです。国自体が大変な状況になっているのですから。自分たちで頑張る、いつまでも誰かがなんとかしてくれる、甘えていたらダメなんです。多くの成功者は○○がなかったから成功しているといわれます。松下幸之助翁は、学歴、健康、お金がなかったから成功できたと。

私は自社のため、郷土鹿児島のため、国家のため、人類のため、影響力のある人間になりたいと、今でも希望は捨てていません。最終的には世界が平和であってほしいと心から願っています。